Hans Küng (Hrsg.)

Globale Unternehmen – globales Ethos

Hans Küng (Hrsg.)

Globale Unternehmen – globales Ethos

Der globale Markt erfordert neue Standards und eine globale Rahmenordnung

Frankfurter Allgemeine Buch

Die Deutsche Bibliothek – CIP-Einheitsaufnahme

Ein Titeldatensatz für diese Publikation ist bei
Der Deutschen Bibliothek erhältlich

Frankfurter Allgemeine Zeitung
Verlagsbereich Buch

60267 Frankfurt am Main

Gestaltung: F.A.Z.-Marketing/Grafik
Druck: Druckwerkstätten Stollberg GmbH, Stollberg
Erste Auflage 2001

ISBN 3-89843-066-9

Inhalt

Dokumente

Vorwort

Im Zeitalter der Globalisierung ist ein globales Ethos unbedingt notwendig. Denn eine Globalisierung der Ökonomie, der Technologie und der Kommunikation bringt ja auch eine Globalisierung der Probleme mit sich, die uns weltweit zu überrollen drohen. So sehen es nicht nur Ethiker und Theologen, sondern zunehmend auch Verantwortliche in Wirtschaft und Politik.

Aufmerksamkeit erregte, daß der Generaldirektor des Weltwährungsfonds, Dr. Horst Köhler, in seiner Prager Antrittsrede im Jahr 2000 vor der Versammlung von Vertretern des Weltwährungsfonds und der Weltbank erklärte: »Ich teile voll diesen Appell, daß wir allgemein anerkannte moralische Standards brauchen. Ja, eine globale Ökonomie braucht ein globales Ethos«.

Die Stiftung Weltethos[1] arbeitet seit Jahren an der Aufgabe, den Menschen auf ihrer Suche nach einer auf ethischen Fundamenten aufbauenden Grundorientierung zur Lösung ihrer drängenden Zukunftsaufgaben zu helfen. Im Zentrum stehen dabei der interkulturelle und interreligiöse Dialog und die Suche nach praktischen globalen Maßstäben, die – gewissermaßen als Minimum dessen, was von jedermann mitgetragen werden kann – zu einer neuen Kultur der Toleranz

1 Die Stiftung Weltethos wurde im Jahre 1995 auf Initiative von Graf Karl Konrad von der Groeben gegründet und wird von Prof. Dr. Hans Küng geleitet. Ihr Aufgabengebiet ist die interkulturelle und interreligiöse Forschung, Bildung und Begegnung. Programmatische Grundlage ist die »Erklärung zum Weltethos« des Parlaments der Weltreligionen 1993 – ein erster Versuch, einen gemeinsamen Grundkonsens bezüglich bestehender verbindender Werte, unverrückbarer Maßstäbe und persönlicher Grundhaltungen zwischen den Weltreligionen zu formulieren. Die Tätigkeit der Stiftung hat sich seit Bestehen auf verschiedenste Praxisfelder und Gesellschaftsbereiche im In- und Ausland ausgedehnt. 1996 konnte eine Stiftung Weltethos Schweiz gegründet werden, weitere Stiftungsgründungen folgten 1999 in der Tschechischen Republik und im Jahre 2000 in den Niederlanden.

und Solidarität beitragen sollen. Grundlagen dafür sind die weitgehend von uns erarbeiteten Dokumente: »Erklärung zum Weltethos« des Parlaments der Weltreligionen (Chicago 1993) und der Vorschlag des InterAction Councils früherer Staats- und Regierungschefs für eine »Allgemeine Erklärung der menschlichen Verantwortlichkeiten« (1997). Diese Bemühungen haben mit der Ersten Tübinger Weltethos-Rede des britischen Premierministers Tony Blair (30. Juni 2000) breite Unterstützung erfahren.

Der Stiftung Weltethos ist es ein besonderes Anliegen, den Dialog gerade mit Menschen zu vertiefen, die in der Wirtschaft Verantwortung tragen. Sie hat daher in Baden-Baden am 23. März 2001 mit einem Kreis von Spitzenleuten aus Wirtschaft, Wirtschaftswissenschaften und Politik ein Symposion zum Thema »Globale Unternehmen und globales Ethos« durchgeführt. Ziel dieses Symposions sollte sein, Einsichten in die Bedeutung der ethischen Dimension in global agierenden Unternehmen und in der Weltwirtschaft überhaupt zu gewinnen und auszutauschen. Die Vorträge und Diskussionen des Symposions, eingerahmt von meinem Vorbereitungs- und Schlußexposé, sind in diesem Band dokumentiert.

Im Namen der Stiftung Weltethos danke ich allen, die zum hervorragenden Gelingen dieses Symposions beigetragen haben: vor allem den höchst engagierten Teilnehmern an den Runden Tischen, in erster Linie den beiden ausgezeichneten Hauptreferenten, Professor Dr. Jürgen Strube, Vorsitzender des Vorstands der BASF AG, und Professor Dr. Hans Tietmeyer, Bundesbankpräsident a.D., deren Ausführungen von Professor Dr. Klaus Leisinger, Geschäftsführer der Novartis Stiftung Basel, und von Professor Dr. Hermann Sautter, Direktor des Volkswirtschaftlichen Seminars der Universität Göttingen, durch sachkundige Rückfragen weiter vertieft wurden. Dank gebührt aber auch den beiden Verfassern der Kurzreferate zu interkulturellen Fragen, Professor Dr. Berthold Leibinger, Geschäftsführender Gesellschafter der Trumpf GmbH & Co., und Tilman Todenhöfer, stellvertretender Vorsitzender der Geschäftsführung der Robert Bosch GmbH, und schließlich Bundeskanzler a. D. Helmut Schmidt für seine Diskussionsbeiträge. Ich bin mir sehr wohl bewußt, daß es alles andere als selbstverständlich ist, daß Persönlichkeiten in solch hohen Führungspositionen – ausgewählte Beobachter aus den Medien eingeschlossen – sich die Zeit nehmen, gerade an einem Kolloquium über Wirtschaft und Ethos teilzunehmen.

Unser Symposion wäre gar nicht möglich gewesen ohne die sehr intensive und kompetente Beratung und zum Teil auch finanzielle Unterstützung durch das Kuratorium der Stiftung Weltethos: Dr. Peter Adolff, Dr. Wolfram Freudenberg, Dr. Uwe Jens Jasper, Udo Keller, Professor Dr. Norbert Kloten, Dr. Horst Köhler, Professor Dr. h.c. Reinhold Würth.

Das Rückgrat unseres Symposions in Vorbereitung, Durchführung und Nachbereitung bildet das kleine, aber höchst effiziente Team der Stiftung Weltethos in Tübingen. Daß unser Symposion in Baden-Baden stattfand, hat unter anderem damit zu tun, daß der Gründer unserer Stiftung, Graf Karl Konrad von der Groeben, dort das Terrain bereitet hat. Das Palais Biron mit seinen ausnehmend freundlichen Mitarbeiterinnen und Mitarbeitern hat für ein ideales Ambiente gesorgt. All den vielen, die hier namentlich gar nicht genannt werden können, gilt mein besonders herzlicher Dank.

Tübingen, im Juni 2001 Hans Küng

Globale Unternehmen und globales Ethos

Provokationen zur Diskussion

Hans Küng

Inhalt

Es soll mit diesen Ausführungen nicht die Diskussion vorweggenommen, sondern der Hintergrund skizziert werden, vor dem unsere Diskussion über die ethischen Herausforderungen für globale Unternehmen stattfindet. Ich muß mich dabei auf das *Allgemeine* beschränken und kritisch die Akzente auf einige *negative* Aspekte der grundsätzlich bejahten Globalisierung setzen in der Hoffnung, daß unsere Diskussionen zur Konkretisierung führen und das *Positive* herausarbeiten werden – im Interesse nicht nur der Gemeinschaft, sondern auch der Unternehmen selber. Es ist dabei keine Frage, daß wir hier nicht einsame Rufer in der Wüste sind, wenn wir nach globalen ethischen Standards rufen, sondern uns zunehmend gestützt sehen können von vielem, was in Wirtschaft und Politik von verschiedener Seite bereits geschieht oder zumindest angestrebt wird. Der IWF und auch andere Institutionen haben in letzter Zeit die Entwicklung internationaler Verhaltensregeln vorangetrieben (im Bereich der Finanzmarktstabilität mehr als 50 »Codes of conduct«). Um diese Tendenzen zu unterstützen, möchte ich durch einen bewußt kritischen Duktus der Diskussion von vornherein Tiefenschärfe verleihen (mehr Transparenz reicht nicht aus), um so konstruktive Antworten für das konkrete ethische Verhalten der Wirtschaft zu provozieren. Nicht um die (angreifbaren) ökonomischen Details geht es mir, die ich zur Illustration brauche, sondern um die *ethischen Grundgedanken*, die nachdenklich machen sollten.

1. Globales Ethos: Keine Folge der Globalisierung

Noch vor wenigen Monaten wurde ich bei einem Kolloquium mit chinesischen Gelehrten in Peking über Weltethos und chinesische Tradition (Oktober 2000) mit der Frage konfrontiert, ob die Rede von einem globalen Ethos nicht eine notwendige Folge der *Globalisierung* sei. Wobei »Globalisierung« in China (wie früher das Wort »Kapitalismus«) ein vorwiegend negativ besetzter Terminus ist und mit Amerikanisierung und westlicher Dominanz identifiziert wird, welche die eigene Kultur und Tradition zerstören. Ich konnte indes leicht deutlich machen, daß ich die Bezeichnung »globales Ethos« schon viele Jahre gebraucht und das »Projekt Weltethos« (1990) entwickelt hatte, bevor das Wort »Globalisierung« überhaupt in Gebrauch kam.

Freilich hat die Globalisierung der Ökonomie, Technologie und Kommunikation der Rede von einem globalen Ethos zu einer neuen *Dringlichkeit* verholfen. Denn diese Globalisierung generierte mehr denn je neue Formen einer *Globalisierung der Probleme* und ruft so förmlich nach einer *Globalisierung des Ethos*. Insofern gründet das globale Ethos zwar nicht in der Globalisierung, wird aber durch die Globalisierung zu einer hochdringlichen Aufgabe. Dies gilt nicht zuletzt für Akteure im Bereich von Weltökonomie und Weltfinanz.

An den *vier Charakteristika* der Globalisierung, wie ich sie in »Weltethos für Weltpolitik und Weltwirtschaft« (1997) dargelegt habe, möchte ich festhalten, da sie Basis für einen vernünftigen Konsens sein können zwischen Globalisierungsbejahern und Globalisierungsgegnern. Globalisierung ist:

1. *unvermeidbar*, »unstoppable«, irreversibel: Globalisierung wurde ermöglicht durch die Aufhebung der Teilung der Welt in Ost und West und vor allem durch technologische Neuerungen wie globaler Datenfluß, WorldWideWeb und elektronische Weltbörse;
2. *ambivalent*: mit Gewinnern und Verlierern, mit auf- und absteigenden Personen, Betrieben, Standorten, Nationen, Regionen;
3. *unberechenbar*: mit beabsichtigten Haupteffekten und nichtgewollten Nebeneffekten, mit ökonomischen Mirakeln und Debakeln; längerfristige Wirtschaftprognosen (außer ordnungspolitische) mit kaum größerer Treffsicherheit als die längerfristigen Wetterprognosen;
4. *steuerbar*: Globalisierung ist kein Naturphänomen wie ein Erdbeben oder eine Gewitterfront, sondern kann – freilich nur in Grenzen – beeinflußt und gesteuert werden durch nationale Regierungen, Zentralbanken, internationale Institutionen. Tatsächlich ist in den vergangenen Jahren – allerdings nicht immer erfolgreich – vom International Monetary Fund (IMF) und Weltbank, von den Finanzministern der G 7 und vom Financial Stability Forum eine ganze Reihe von ordnungspolitischen Maßnahmen getroffen oder zumindest erwogen worden.

Daraus möchte ich die These ableiten, die den Ausgangspunkt auch unseres Baden-Badener Symposions bildet und die zur Diskussion steht: Der globale Markt erfordert ein solides *globales ordnungspolitisches Rahmenwerk*, eine *Rahmenordnung des Marktes*, die sich der Markt selbst nicht geben kann und die ihrerseits ein *globales Ethos* erfordert. Angesichts einer jüngst aufgetretenen »neuen Ökonomie« ist dies neu zu reflektieren. Ich tue dies nicht als Fachökonom, sondern als ein betroffener Zeitbeobachter, der von der Sorge um die Zukunft der Weltwirtschaft umgetrieben wird. Manches an bewußt zugespitzten Formulierungen, provokativen Skizzen und direkten Forderungen kommt aus ethisch begründeter Verantwortung für das Bonum Commune ganzer Regionen und Nationen, aber auch der Unternehmen selbst.

2. »New Economics«? Neue »Ökonomie«, keine neue »Ökonomik«

Die späten 90er Jahre des vergangenen Jahrhunderts haben die Dringlichkeit eines globalen Ethos nochmals verschärft und zwar durch das, was man oft mißverständlich die »New Economics« nennt, von der nun manche Ökonomen zweifelnd fragen, ob es sie überhaupt je gegeben hat, weil sie nämlich so rasch alt geworden ist. Wir müssen unterscheiden:

Keine Frage, es gibt neue *Informations- und Kommunikationstechnologien*, durch welche die Weltwirtschaft bis nach China und Indien in einen epochalen Umbruch eingetreten ist. Stichworte: Internetökonomie, E-Commerce, Informationsgesellschaft, weltweite Vernetzung, freier globaler Informationenfluß ... Grundlegende Veränderungen in Organisationsform und Geschäftspraxis und insofern eine *neue Ökonomie* sind die Folge.

Aber bringen diese neuen Informations- und Kommunikationstechnologien eine *neue ökonomische Gesetzlichkeit* mit sich? Setzen sie die alten ökonomischen Prinzipien einfach außer Kraft? Führen sie zu einer neuen Wirtschaftstheorie, neuen Wirtschaftswissenschaft, in diesem Sinn *neuen Ökonomik*? Keineswegs. Trotzdem verkündeten manche Wallstreet-Experten in aller Welt ein neues »ökonomisches Modell«: Wirtschaftswachstum ohne Inflation und endloser Boom an der Börse. Daß es physische Grenzen des Wachstums gibt, galt als »old fashioned«. Das *Wallstreet Journal* erklärte noch zu Beginn des Jahres 2000, in einer auf Wissen basierenden Wirtschaft (»a knowlegde-based economy«) gäbe es keine Beschränkungen (»constraints«). Die alte Regel, Aktien zu günstigen Kursen zu kaufen, um reich zu werden dadurch, daß die Unternehmensgewinne steigen, würde demnach nicht mehr gelten. Man kaufe ruhig ohne Ängste; die Konjunkturzyklen seien außer Kraft gesetzt; es gehe im Prinzip ständig aufwärts.

In *Deutschland* trieb man es nicht ganz so bunt wie an der Wallstreet, war aber auch vom Börsenfieber infiziert. Im Herbst 2000 hielt ich in einer großen Bank in Luxemburg einen Vortrag, deren Privatkunden wie die anderer Banken auch ein »Anlage-Info 2020« mit einem neuen Evangelium vom »Wertewandel« und »neuen Trends an der Börse« erhalten hatten: Der DAX wurde da mit einer jährlichen Steigerung von 15 Prozent hochgerechnet: aus einem Stand von 7.000 Punkten ein »durchaus vorstellbares« Kursziel für das Jahr 2020 von sage und schreibe 114.000 Punkten! Faktisch aber war zur Zeit meines Vortrags der DAX bereits um rund 20 Prozent abgestürzt, auf 6.500 Punkte (11. Oktober 2000). Die Hausse im Deutschen Aktienindex, die im März 1995 mit 1.890 Punkten begonnen und im März 2000 die 8.000 Punkte überschritten hatte, stockte, und der DAX bewegt sich zur Zeit um die Zahl von 6.200 Punkten (28. Februar 2001).

In den ersten beiden Jahren des neuen Jahrtausends sind dann auch amerikanische Träume geplatzt, wenngleich nicht so fundamental wie die japanischen im letzten Jahrzehnt des vergangenen Jahrhunderts. Damit ist offenkundig geworden: Die *neue Technologie* samt veränderten Organisationsformen und Geschäftspraktiken haben als solche eine *neue Ökonomie*, aber *keine prinzipiell neue Ökonomik*, keine neue Wirtschaftstheorie oder Wirtschaftswissenschaft kreiert. Sie haben die Konjunkturzyklen nicht außer Kraft gesetzt. Wie schon in früheren Jahrzehnten können selbst hohe Produktionsgewinne eine Rezession nicht verhindern. Denn nicht nur eine Inflation, sondern auch überzogener privater Konsum und unternehmerische Investitionen auf Hoffnung hin können zu einer Rezession führen.

3. Bubble-Economy: Eine virtuelle, keine reale Wirklichkeit

So bekamen schließlich doch jene »Warner« recht, die schon immer behaupteten, die von der »New Economics« ausgelöste Hausse sei eine durch die Spekulation angetriebene »Bubble-Economy«. In der Tat erwies sich die »New Economics« als eine rein »*virtuelle*« *Wirklichkeit*, eine optimistische Wunschprojektion sozusagen allein auf den Bildschirmen der Börse, die auf einer »Stimmung« (»mood«) der internationalen Finanzwelt beruhte, die *von der »realen« Wirklichkeit weit entfernt* war. »The magic« von Technologie und freiem Markt erwies sich in vielfacher Weise als reine »Magie«, zu deutsch als »Zauber«, blauer Dunst – mit Internetfirmen, die nicht als Dienstleistungen produzierende Unternehmen, sondern als gleichsam virtuelle Aktiengesellschaften gegründet worden waren.

Noch vor zwei Jahren hatte kaum jemand geahnt, daß die *»Neue-Ökonomie-Gläubigen« gnadenlos abgestraft* werden könnten: daß insbesondere die Technologiewerte von Nasdaq und NEMAX derartig einbrechen und der Nasdaq von März bis November 2000 rund 50 Prozent und der Neue Markt etwa 70 Prozent an Wert verlieren könnten. Statt nie endender Gewinne selbst bei augenscheinlich soliden Firmen der »New Economy« jetzt Kursverluste bis auf ein Zehntel ihrer Höchstwerte. Der NEMAX, für den noch vor sieben Monaten von prominenten Experten ein Indexstand von rund 10.000 Punkten auf Jahresende 2001 vorausgesagt wurde, zählt jetzt 1.961 Punkte (28. Februar 2001).

Die realen Folgen sind schwerwiegend: In den USA führte der Konsumboom vergangener Jahre zu einem Absinken der persönlichen Ersparnisrate auf beinahe Null und zu einem Investitionsboom der Unternehmen – beides in der Erwartungshaltung, daß es immer so weitergehe. Im Jahr 2000 aber haben nun plötzlich mehr als 140 Dot.com-Firmen bankrott gemacht, oft Firmen ohne reale Vermögenswerte, ohne Profite und oft sogar ohne Produkte, Firmen allein mit phantastischen Zukunftsprophezeiungen. Angesichts der fallenden Aktienkurse, der hohen Schulden und der Jobängste erlebt nun auch der private Konsum einen Einbruch; viele Konsumenten verlieren das Vertrauen und oft auch die Nerven. Das fröhliche Verschulden droht überzugehen in ein Angst-Sparen, welches die Konjunktur, wie etwa besonders ausgeprägt in Japan, abwürgen kann.

Was wird angesichts dieser Ungewißheiten und Risiken die *Zukunft* sein? Müssen wir in Hinblick auf die Wachstumsabschwächung in den USA vielleicht mit Kettenreaktionen rechnen? Börsenpropheten sehen viele positive Signale; alles sei nicht »doom and gloom«, tröstet man sich an der Wallstreet. Doch der »business cycle« funktioniert wieder, und die *mahnenden Zeichen* können auch in Europa nicht übersehen werden:

- Auch die Aktienkurse der hochgehandelten *Telekommunikationsunternehmen* sind abgestürzt: die Deutsche Telekom minus 55 Prozent, die niederländische KPN sogar minus 74 Prozent. Nahezu halbiert hat sich auch die DaimlerChrysler-Aktie (minus 42 Prozent).
- Mit den Technologie- und Telekommunikationsaktien sind auch viele *Internetfirmen* in die Krise geraten. Die zwei berühmtesten Beispiele: Priceline.com, die Discount-Flugzeugtickets vertreibt, war auf ihrem Höhepunkt an der Börse mehr wert als alle US-Airlines zusammen. Amazon.com war Anfang 2000 ungefähr zweimal so viel wert wie der kombinierte Wert der beiden erfolgreichsten Einzelhandelskonzerne des 20. Jahrhunderts (Sears Roebruck und Kmart). Amazon ist heute nur noch 15 Prozent wert von dem, was es auf seinem Höchststand war.
- Auch in Zukunft werden die *Konsumenten* ihre Gewohnheiten nicht so rasch ändern, wie die großen Strategen, Programmierer und Propagandisten des E-Business annahmen – von »Analysten« und Cheerleaders in den Medien unterstützt. Es erwies sich nämlich als sehr viel schwieriger, Dinge »online« zu verkaufen, als dies am Anfang erschien; ohne Läden oder Katalogoperationen ist es fast unmöglich. Da genügt es auch nicht, auf einem Feld der Erste zu sein oder sich auf eine Nische zu konzentrieren.
- Das Hightechland *Kalifornien* samt Silicon Valley präsentierte sich plötzlich ohne Strom, so daß der Notstand ausgerufen werden mußte: Dort hatte man lieber in die »sexy« Dot.com-Firmen investiert als in langweilige Kraftwerke und Stromnetze. Der Kollaps der Technologiewerte und die Energiekrise sind zwei Seiten derselben Medaille; dazu kam ein falscher Deregulierungsplan …

4. Ursachenforschung: Rationale und irrationale Motivationen

Was sind die tieferen Gründe für dieses Aktienfieber? Gerade wenn man eine freie (und soziale) Marktwirtschaft bejaht, darf man nicht übersehen: Verantwortung für das Dot.com-Desaster haben die *Akteure,* die angeblich stets »rational« handeln. Die Wirklichkeit sieht anders aus als die ökonomische Mainstream-Theorie. Es handelt sich um:

- *Entrepreneurs*, die ohne die notwendigen Voraussetzungen Firmen gründeten und euphorische Prognosen verkündeten;
- *Venture Capitalists*, die sie finanzierten, ohne die sonst üblichen Garantien zu verlangen;
- *Investmentbanker*, welche Unternehmen an die Börse brachten, die oft nicht einmal börsenreif waren;
- *Börsenanalysten und Medien*, die kritiklos Beifall spendeten und das Aktienfieber anheizten.

Was war die *Motivation* hinter all dem Treiben? Es genügt nicht, auf die Arroganz und Ignoranz der smarten, meist jungen und wenig welterfahrenen Online-Unternehmer hinzuweisen, die ungeduldig alles rascher zu bewegen versuchten, als dies Menschen mit ihren festen Gewohnheiten normalerweise möglich ist; welche die hochkomplexen Mechanismen der neuen Technologien, aber nicht die des Handels kannten und die so nicht fähig waren, die richtige Ware zur richtigen Zeit am richtigen Platz zu haben. Eine solche Motivationsanalyse greift zu kurz.

Man muß hier wohl neben rationalen auch ganz *irrationale Motivationen* ansprechen. Gegen die Grundannahme der Mainstream-Ökonomen, daß die Menschen in der Wirtschaft stets aus einem rationalen, unemotionalen Selbstinteresse heraus handeln, macht die neuere amerikanische Forschungsrichtung der »behavioral economists«, welche auch die Psychologie einbezieht, deutlich: Menschen handeln auch in der Wirtschaft immer wieder irrational, auch aufgrund von emotionalen Kurzschlüssen und schiefen Argumentationen, in Selbstbefriedigung und Maßlosigkeit, bisweilen völlig undurchschaubar und destruktiv. Auch die Wirtschaft ist offensichtlich kein rein rationales, sich selbstregulierendes System, das sich wie die physikalische Wirklichkeit mit mathematischen Gleichungen erklären, vorausberechnen und steuern läßt. Das typisch amerikanische »overspending and undersaving« etwa erklärt sich diesen »behavorial economists« zufolge nur dadurch, daß die meisten Menschen trotz aller vorausgegangenen rationalen Überlegungen und besten Absichten das Geld, sobald sie es wirklich in den Händen haben, auch gern wieder ausgeben – nicht sehr viel anders als im Spielkasino.

Und so entspricht auch die Börse oft weniger der wirtschaftlichen Realität als der Stimmung der Investoren: ihrem herdenhaften Benehmen, der Überschätzung ihrer prognostischen Fähigkeiten, ihrer Abneigung, fallende Aktien zu verkaufen und einen Verlust zuzugeben. George Soros hat recht: Die Märkte sind getrieben von *»greed and fear«*, von der Gier, noch mehr zu haben, und der Angst, es wieder zu verlieren. »Kasino-Kapitalismus« nennt man das nicht zu Unrecht.

Gerade diese Einsicht läßt uns bei der Ursachenforschung in die eigentliche Tiefe vordringen: Was verbindet denn die smarten Unternehmer der New Economics mit den ebenfalls smarten Venture Capitalists, Investmentbankern und Börsenanalysten? Was ist der Auslöser dieses ganzen Aktienfiebers? Es ist *nicht nur das grundsätzlich berechtigte Gewinnstreben, sondern* es ist *die Gier nach Profit, nach raschem Geld, »easy money«*. Das Zeichnen von Neuemissionen wurde verstanden als Lizenz zum Gelddrucken. Aus dieser Gier nach Geld entwarf man zugleich neue ökonomische Modelle und Strategien: als ob es immer nur aufwärts ginge an der Börse, als ob Konjunkturzyklen außer Kraft gesetzt seien, als ob es nie endende Gewinne und nie ernsthafte Kursabstürze mehr gäbe … Statt Börsenarbeit Börsenrausch.

Rational gerechtfertigt wurde diese irrationale Gier nach kurzfristigen Gewinnen (Shareholder Value) und nach raschem Geld durch manche *ultraliberale Theorien*, die nicht mehr, wie am Anfang des

Liberalismus, die Freiheit des Individuums gegenüber dem absolutistischen Fürsten oder dann gegenüber dem überregulierten Staat im Auge haben, sondern das pure ökonomische Eigeninteresse des Individuums im freien Markt, das in der Reagan- und Thatcher-Zeit seine Triumphe feiern durfte, als ob es aus sich selbst ohne jegliche staatliche Intervention die allgemeine Wohlfahrt heraufführe. Dabei haben schon von Mises und von Hayek auf Gier, Leichtfertigkeit und Übertreibungen hingewiesen. Das Ethos der Wirtschaft also reduziert auf die »moralische Pflicht« der Profitsteigerung? »The business of business is business«: keine gesellschaftliche Verantwortung für das Gemeinwohl? Dagegen geht heute in den USA die Bewegung des Kommunitarismus an. In der Tat läßt sich das Engagement Ungezählter in Umweltbewegung, ehrenamtlichen Tätigkeiten und vielen anderen gemeinnützigen Unternehmungen nur erklären durch ein »überrationales«, nicht einfach interessengebundenes Tun, das bestimmt ist von Altruismus, Loyalität, Fairneß, Wohlwollen, Dankbarkeit, »nicht-hedonistischem Handeln«. Aber es gibt zugleich die andere vom Egoismus bestimmte Seite. Und diese läßt uns folgende kritische Frage aufwerfen, die über die wirtschafts- und finanzpolitischen Fragen hinausgeht.

5. Börse und Moral: Lug und Trug erlaubt?

Der »Shareholder-Value-Ansatz« und die Gier nach dem raschen Geld haben in den vergangenen Jahren viele Menschen im Raum der Wirtschaft angetrieben, sich *über elementare Gebote der Menschlichkeit hinwegzusetzen*. Man muß nur einige Fakten zur Kenntnis nehmen. Es wird im großen Stil auch von solchen gelogen, betrogen, gestohlen und falsches Zeugnis abgelegt, von denen man das nicht erwartet hätte. Denn:

- *Gelogen* wird, wenn eine Firmenleitung (Beispiele: EM-TV, Gigabell) an die Aktionäre zu späte, allzu rosige, gar falsche Informationen über die Lage ihres Unternehmens gibt.

- *Gelogen* wird auch, wo die Gewinne um höherer Börsenkurse willen manipuliert werden, wo verdeckte Gehaltszahlungen in der Form von (ausstehenden) Stock-Optionen in keiner Gewinn- und Verlustrechnung auftauchen oder gar bestimmte Kosten in den Rechenschaftsberichten der Firma einfach ausgelassen werden (bei Amazon war der Nettoverlust im Jahre 2000 vier Mal so groß wie angegeben, nämlich 1,4 Milliarden US-Dollar).

- *Falsches Zeugnis abgelegt* wird von Unternehmen, die eigene Aktien zu gigantischen Preisen zurückkaufen, um den Aktienkurs künstlich in die Höhe zu treiben, faktisch zu Lasten des Tafelsilbers: Maßnahmen, die zu einer Auspressung der Bilanzen führen, so daß in einem Krisenfall keine stillen Reserven als Polster vorhanden sind und ein Kursdebakel nahezu unvermeidlich wird.

- *Irregeführt* wird, wenn wie in den USA die statistische Berechnung des Bruttosozialprodukts auf den »hedonistischen« Preisindex vorgenommen wird, der die Produktivitätssteigerungen miteinbezieht, und den Menschen ein deutlich positiv überzeichnetes Bild des tatsächlichen Wirtschaftswachstums gegeben wird; ebenso wenn Unternehmen mit größeren Wachstumsraten die geringeren Profite zu verschleiern versuchen, die nun einmal den Aktienpreis bestimmen sollten.

- *Gestohlen* wird, wenn Börsenanalysten der Wallstreet und anderswo unter der Hand schlicht zu selbstinteressierten Aktienverkäufern werden, die mit Pseudo-Research auch dann noch den Kauf von Aktien empfahlen (insbesondere die von ihrem eigenen Investmenthaus eingeführten) und so Millionen scheffelten, als die Aktienkurse bereits im freien Fall waren und ihre Kunden Milliarden verloren. Die »Queen des Internet«, Mary Meeker, zum Beispiel, die mit ihren Prognosen für die »E-com companies« im Jahr 1999 15 Millionen Dollar verdiente, hat noch Ende 2000 ganze elf Internet-Aktienstocks (acht davon von ihrer eigenen Investmentbank

Morgan Stanley eingeführt) optimistisch mit der Kaufempfehlung »outperform« = »überdurchschnittlich« versehen, wiewohl sie insgesamt um durchschnittlich 83 Prozent abgestürzt waren. Auch in Deutschland gelten Analysten mehr als Trendverstärker denn als Trendsetter.

Dem Weltfinanzsystem steht möglicherweise eine harte Bewährungsprobe bevor. Nach dem neuen *Kurssturz* aber dürften die alten Hochstände erfahrungsgemäß nicht so rasch wieder erreicht werden. Jedenfalls sollten gerade in den hochindustrialisierten Ländern die *Risikofaktoren* ernst genommen werden.

USA
Der IMF hat das Wachstum des Bruttoinlandprodukts (BIP) in den USA statt wie bis noch vor kurzem auf 3,2 Prozent auf 1,7 Prozent prognostiziert; faktisch betrug das Wachstum 1,1 Prozent im 4. Quartal 2000 (A. Greenspan 28. Februar 2001). Der Deutsche Bank-Research vom 15. Februar 2001 rechnet in einem »Risikoszenario« sogar mit einem möglichen Negativwachstum während mehrerer Quartale. Die Wahrscheinlichkeit einer »harten Landung« hat sich also erhöht. Es kann nicht ausgeschlossen werden, daß eine Abwärtsspirale aus sinkenden Unternehmergewinnen, Investitionen, Aktienkursen, Ersparnissen, Konsumausgaben und Vertrauensindikatoren in eine Rezession mündet. Eine schwächere US-Wirtschaft mit einem steigenden Leistungsbilanzdefizit wird aber die Wirtschaften auch anderer Länder in Mitleidenschaft ziehen, besonders die Japans und Lateinamerikas, die stark von ihren Exporten in die USA, bisher die Weltkonjunkturlokomotive, abhängen.

Japan
Der Nikkei-Aktienindex der zweitgrößten Wirtschaftsmacht der Welt fiel im Jahr 2000 um 27 Prozent. Noch immer ist die Lage schlecht: schwache Regierung, explodierende Staatsverschuldung, verschlechterte Qualität der Banken, immer mehr »faule« Kredite.

Europa
Ob die Euroland-Konjunktur mit einer Wachstumsdelle davonkommt und robust genug ist, um aufgrund der Inlandsnachfrage eine Lokomotivfunktion in der Weltwirtschaft übernehmen zu können, ist keineswegs sicher. Wenn kein Vertrauen bei den Anlegern auf eine stabilitätsorientierte Politik den Euro stützt, so werden die hohen Kursschwankungen anhalten. Eine einheitliche Geld- und Währungspolitik ist ohne die versprochene, aber in Nizza erneut gescheiterte, engere politische Union schwer möglich. Die schlechten US-Daten haben dem Euro kaum geholfen. Die Aktienmärkte leben von der Hoffnung auf rasche Wachstumserholung in der zweiten Jahreshälfte.

Zu den finanzpolitischen Problemen der Globalisierung kommen die sozialen hinzu, auch diese auf Weltebene. Gerade weil ich die positiven Ergebnisse der Globalisierung bedroht sehe, meinte ich schon vor Jahren mahnen zu müssen mit den Worten: »Sollte sich beim gegenwärtigen Globalisierungsprozeß als oberstes Kriterium das Gewinnstreben und es allein durchsetzen, muß man sich auf *schwere soziale Konflikte und Krisen* gefaßt machen; die gegenwärtige Stärke des Kapitals und relative Schwäche der Gewerkschaften sollte darüber nicht hinwegtäuschen. Denn es ist *nicht* anzunehmen, daß die Gesellschaft als ganze einen Rückfall in den Liberalismus des 19. Jahrhunderts und in einen Kapitalismus pur widerstandslos hinnehmen würde« (»Weltethos für Weltpolitik und Weltwirtschaft«). Zugleich war hinzuweisen auf die Vereinigten Staaten, wo nach der Börsenhausse der 20er Jahre und dem Börsenkrach 1929 und der darauffolgenden Großen Depression unter Präsident Franklin D. Roosevelt gegen das »Laissez-faire« durch den »New Deal« der amerikanische Sozialstaat aufgebaut wurde.

Die *Proteste von ernst zu nehmenden Globalisierungsgegnern* in Seattle, Washington, Prag, Davos und »Anti-Davos« (Porto Alegre/ Brasilien), unter denen sich Studenten, Gewerkschaftler, Grüne und Kirchenleute fanden, haben diese Warnung bestätigt. Natürlich soll man gewalttätige Ausschreitungen von Chaoten zu verhindern suchen, aber in Davos hat exzessives Polizeiaufgebot die Reisefreiheit, das Demonstrationsrecht und die Meinungsfreiheit gegen alle schweizerische Tradition so stark eingeschränkt, daß auch viele Schweizer die Probleme erst recht erkannten. Auch die internationalen Institutionen (WTO – World Trade Organization –, IMF, Weltbank) sollten positiv auf die globalisierten Proteste reagieren und für mehr Transparenz in ihren Entscheidungsprozessen und dadurch für mehr Verantwortlichkeit in ihren Organisationen sorgen, in denen unter Umständen auch »Non-Governmental Organizations« (NGOs) als Beobachter zugelassen werden könnten.

Es ist erfreulich, daß gerade der Gründer-Präsident des *Weltwirtschaftsforums*, Professor Klaus Schwab, daran denkt, für das nächste Jahr einen intensiveren Dialog mit den NGOs anzustreben und dabei vermutlich auch wieder stärker die Werte der europäischen »sozialen Marktwirtschaft« ins Spiel zu bringen. Ist er doch der Meinung, daß die Konzerne bisher keine überzeugende Antwort gegeben haben auf die Erosion der Begriffe Sicherheit und Berechenbarkeit im Leben der Menschen oder auf die Probleme, die durch die Erhebung von Erfolg und Wettbewerb auf den Status von Werten geschaffen wurden.

Andererseits haben die *Verwalter großer Geldvermögen*, die Manager von Pensionskassen und Investmentfonds in der südostasiatischen Finanzkrise die Erfahrung gemacht, daß es nicht ausreicht, kurzfristig hohe Erträge zu erzielen. Mittel- und langfristig kommt es auch an auf die Vertragstreue und Verläßlichkeit der Partner, auf geringe Korruptionsanfälligkeit einer Gesellschaft, auf die Solidität der Banken und das Funktionieren der politischen Institutionen. Das alles sind politische und ethische Fragen, die zeigen: Performance ist wirklich nicht alles, *ethisch* begründete Verantwortung für das Gemeinwohl ist notwendig sowohl für die Wirtschaft als auch den Staat.

Die *Gewerkschaften* schließlich sprechen sich keineswegs einfach gegen die Globalisierung aus, sondern wählen einen differenzierten Standpunkt, wie ihn Bill Jordan, Generalsekretär der Confederation of Free Trade Unions formuliert hat: »The international labor movement is not against globalization; indeed we would agree that globalization can be a big part of the answer to the problems of the world's poor. But it is also a big part of the problem ... The labor movement's position is simply that the rules governing globalization should protect the interests of the poor and not just the rich, and that the benefits of increased trade and increased global output should be shared by all« (International Herald Tribune, 21. Dezember 2000). Diese grundsätzliche Position wird zweifellos von vielen geteilt. Nicht nur sozialdemokratische Regierungen (auch »compassionate conservatives« wie Aznar oder Schüssel) dürften die Formel einer »progressiven Angleichung« (»progressive equation«) unterschreiben, mit der die Regierungschefs Tony Blair, Wim Kok, Göran Persson und Gerhard Schröder ihre Position in der Globalisierungsdiskussion bestimmt haben: »*Globalisierung + Wohlfahrt*« (»Globalization + Welfare«). Dies bedarf freilich der Konkretisierung und Präzisierung.

6. Der globale Markt erfordert eine globale Rahmenordnung

Wenden wir uns zunächst den Problemen des *globalisierten Finanzmarktes* zu. Wenn heute an einem Tag mehr Devisen um den Globus zirkulieren, als der gesamte Welthandel von vier Monaten ausmacht, sollte man die weltweiten Kapitalmärkte meines Erachtens nicht als Katalysator für Transparenz, unternehmerische Effizienz und demokratische Kontrolle verklären. Wo ist denn hier die Transparenz, wo die ökonomische Effizienz, wo die demokratische Kontrolle?

Hat dieser »globale Markt« ohne alle Grenzen, Hemmungen und Regelungen die asiatische Krise mit ihren noch keineswegs überwundenen Auswirkungen nicht überhaupt erst möglich gemacht? Untergräbt dieser völlig ungeregelte Markt mit seinen kurzfristigen spekulativen Investitionen nicht die langzeitigen Industrieinvestitionen, die meist weniger rentieren? Untergräbt die neue Bevorzugung der Großkunden durch die Großbanken nicht die finanzielle Liquidität der Mittel- und Kleinbetriebe und stört mit der Zeit den sozialen Frieden, auf den auch die Großbanken angewiesen sind? Untergräbt diese Entwicklung nicht auch bei uns das notwendige Vertrauen in das System der Marktwirtschaft? Ja, stellt sie nicht *die Stabilität des Weltfinanzsystems selbst in Frage?*

Auch Mainstream-Ökonomen geben nach den jüngsten Währungskrisen in Mexiko, Südostasien, Rußland, Südamerika und in der Türkei zu, daß es schwerwiegende Schwachstellen des internationalen Währungssystems gibt (mangelnde Bankenaufsicht, Transparenz und Surveillance, Verfilzung von Staat und Privatsektor, Vetternwirtschaft usw.). Weiterhin »Bail-out« durch den IMF wie in Mexiko, weiterhin »carry trade« wie in Japan ...? Es besteht zweifellos Handlungsbedarf: Wir brauchen eine *Neuordnung des globalen Finanzsystems*. Es ist nicht einzusehen, warum der immens komplex und gefährlich gewordene Flugverkehr einiger weltweit akzeptierter elementarer Regeln und Kontrollen bedarf, der ebenso komplexe und auf seine Weise gefährliche internationale Geldverkehr aber nicht.

Ist es da ausreichend, nur von einer »Stärkung des internationalen Finanzsystems« zu reden? Wäre es nicht an der Zeit, eine neue »global financial architecture« zu realisieren, ein Ausdruck, den auch der damalige Präsident Clinton und sein Finanzminister Robert Rubin auf dem Höhepunkt der südostasiatischen Finanzkrise gebrauchten und der selbstverständlich nicht meint, in der bisherigen internationalen Finanzarchitektur sei alles falsch gewesen? Auch Klaus Schwab hatte damals gefordert: »Wir brauchen mehr globale Regeln, zuallererst für grenzüberschreitende Investitionen. Wir brauchen zudem eine Weltumweltbehörde. Der Internationale Währungsfonds müßte die weltweite Finanzarchitektur weiterentwickeln. Die Internationale Arbeitsorganisation sollte weltweite Mechanismen für Arbeitsstandards schaffen. Das Problem liegt weniger bei den Unternehmen als vielmehr bei den Staaten. Sie müssen einen Teil ihrer Souveränität abgeben« (Die Zeit, 27. Januar 2000).

Viele Mainstream-Ökonomen lehnen weitergehende Reformmaßnahmen ab, sei es eine globale Schuldenversicherungsagentur (George Soros), eine Weltzentralbank (Jeffrey Sachs), ein internationaler

Superregulator (Henry Kaufman), eine einheitliche Weltwährung (Richard Coopers) oder eine minimale Wechselkurssteuer (James Tobin, Lawrence Summers). Gegen jede dieser Reformmaßnahmen gibt es wohlbegründete Einwände. Aber gerade wenn man etwa den mangelnden politischen Unterbau für solche Maßnahmen anmahnt, wird man sich nicht mit dieser Feststellung begnügen dürfen.

Wenn also die Großbanken sich nach horrenden Verlusten (im Fall der Asien- und Rußlandkrise auf 350 Milliarden US-Dollar geschätzt) mit Reparaturmaßnahmen wie bessere Information, Transparenz, Kommunikation und Aufsicht zufrieden geben wollen, fragt man sich, ob hier Einzelmaßnahmen ausreichen. Angesichts der chronischen Währungskrisen geben auch Mainstream-Ökonomen zu, daß die Finanzarchitektur das schwächste Glied der Kette und insofern eine Krisenursache ist. Ist hier also nicht so etwas wie ein neues, nein, ein neuartiges Bretton Woods-Abkommen nötig, das nicht zuletzt den Bretton Woods-Institutionen, dem IMF (einer monetären Institution) und der Weltbank (einer Entwicklungsorganisation) klar abgegrenzte und sich zugleich ergänzende Funktionen zuschreibt? Leider hat man bisher keinen überragenden ökonomischen Architekten von der Statur eines John Maynard Keynes gefunden, der damals für die kohärenten Beschlüsse von Bretton Woods den theoretischen Rahmen ausgearbeitet hatte. Zwar gibt es jetzt Expertenberichte zum Umbau der internationalen Finanzarchitektur. Die Finanzminister der G 7 haben sie kürzlich in Palermo nur gesichtet. Werden vielleicht im Juli in Genua auf dem G 8-Gipfel (G 7 + Rußland) effektive Beschlüsse in die richtige Richtung gefaßt werden?

Dabei sind im Hinblick auf die Entwicklungs- und Schwellenländer die neuerdings auch in der Ökonomie ernster genommenen *Armutsprobleme* zu beachten und zu bedenken – wie die Washington Post schrieb –, »daß Erholung auf den Aktien-, Obligationen- und Devisenmärkten nicht dasselbe bedeutet wie Erholung für die einfachen Leute, die unter den Zusammenbrüchen der letzten 21 Monate am meisten gelitten haben. Viele Angehörige der Mittelklasse wurden in Armut gestoßen, und viele arme Familien wurden noch ärmer. Die

Erholung wird wohl noch Jahre brauchen. Ihre Leiden und zerbrochenen Hoffnungen müssen für die Finanzpolitiker der entwickelten Länder im Zentrum bleiben« (26. April 1999). Damit sind die ethischen Fragen aufgeworfen, die heutzutage auch von der Weltbank (Armutsbekämpfung) und vom IWF (monetäre Stabilität) sehr ernst genommen werden.

Neben der Währungspolitik kommt der *Handelspolitik* eine entscheidende Rolle für eine globale Rahmenordnung zu. Nach über 50 Jahren hat es die Staatengemeinschaft endlich geschafft, aus einem Vertrag, dem GATT (General Agreement on Tariffs and Trade), eine Institution zu formieren: die WTO. Liberalisierung nicht nur für Waren, sondern auch für Dienstleistungen und der Schutz geistigen Eigentums. Ein verbessertes Streitschlichtungsverfahren, die Eingliederung des Multifaserabkommens u.a. sind Liberalisierungsschritte, welche die moralische Verpflichtung der Industrieländer gegenüber den Entwicklungsländern dokumentieren. Aber schon sind viele Länder – Industrie- aber auch Entwicklungsländer – wieder dabei, die selbstgeschaffenen Regelungen zu umgehen. Die durchschnittlichen Zollsätze auf Industrieprodukte liegen bei ca. 3 Prozent.

Aber der »neue Protektionismus«, der gezielt ein Land oder gezielt ein Produkt mit protektionistischen Maßnahmen belegt, die Wort und Geist der WTO widersprechen, treibt immer neue Blüten. Ebenso finden sich Länder in den vergangenen Jahren verstärkt in Freihandelszonen zusammen, die zwar in der WTO erlaubt sind, aber dem multilateralen Abbau von Handelsschranken im eigentlichen Sinne widersprechen. Ethische Gesichtspunkte spielen bei einer »strategischen Handelspolitik«, bei der sich jeder selbst der nächste ist, keine Rolle. Die von den USA als Drohpotential angewandte »Section 301« des US-Handelsgesetzes ist eines der besten Beispiele hierfür. Daß die Ministerkonferenz in Seattle im Dezember 1999 gescheitert ist, lag nicht nur an den Protesten von außen. Wenn sich nicht einmal die Industrieländer in der Form der Verhandlungsführung einig sind, wenn es bereits im Vorfeld offene Konflikte zwischen Industrie- und Entwicklungsländern, aber auch unter den Entwicklungsländern selbst gibt, wo bleibt die Hoffnung auf eine Globalisierung im Sinne einer Liberalisierung, die jedem Staat langfristig zugute kommen würde? Nur wenn der internationale Handel möglichst liberalisiert ist und die in der WTO festgelegten Ziele umgesetzt werden, ist es möglich, daß ethische Aspekte Geltung bekommen.

7. Eine globale Rahmenordnung des Marktes erfordert ein globales Ethos

In einem persönlichen Gespräch über die Frage der Realisierbarkeit einer Wechselkurssteuer antwortete mir der langjährige Präsident der Weltbank, Robert McNamara, im Herbst 1997 in Neu Delhi: Sie ist realisierbar, »if you want it« – »wenn man sie will!« In der Tat: Wenn eine globale oder gestärkte Finanzarchitektur – die zum Beispiel auch den privaten Sektor, genauer die Heimatinstitutionen der international tätigen Banken in Krisenlösungen einbezieht! – angestrebt werden soll (aufgrund einer Initiative der USA, der EU und Japans), dann braucht es dafür den *politischen Willen* der Verantwortlichen. Und dieser ist bei Unternehmungen für das Bonum Commune der Völker, die Schweiß kosten und Opfer verlangen, unter Umständen auch Opfer an staatlicher Souveränität, kaum möglich ohne einen *ethischen Impuls*, ohne die sittliche Schwungkraft, ohne die moralische Energie, wie sich dies etwa beim Marshall-Plan, bei der Ausarbeitung einer Allgemeinen Menschenrechtserklärung oder bei der Grundlegung eines geeinten Europas gezeigt hat.

Ich habe einige negative Aspekte der Entwicklung hervorgehoben, ohne die positiven zu bestreiten; über Details dieser Analyse kann man ruhig so oder anders denken; die Sachlage ist zweifellos äußerst schwierig zu deuten. Mir geht es indes um die allgemeine *Schlußfolgerung*: Wer den globalen Markt will, muß auch ein ordnungspolitisches Rahmenwerk, eine *globale Rahmenordnung des Marktes wollen*. Damit ist kein Interventionismus gemeint, der die Marktmechanismen außer Kraft setzen will, aber auch nicht nur ein Bündel von korrigierenden Einzelmaßnahmen, die nur eine Palliativmedizin bedeuten, sondern ein kohärentes Ganzes von ordnungspolitischen Regelungen und Maßnahmen (vgl. Bretton Woods), die gegen eine Liberalisierung des Kapitalverkehrs um jeden Preis angehen und doch keinen Rückfall in die Devisenbewirtschaftung bedeuten.

Es handelt sich hier nicht nur um Spezialfragen der Ökonomie. Es geht um *gesamtgesellschaftliche*, um *hochpolitische* und letztlich auch *ethische Fragen*. Im Konkreten etwa um die Frage, ob das grundsätzlich berechtigte Gewinnstreben der alleinige und einzige Zweck der Wirtschaft, einer Bank, eines Unternehmens sein soll. Das Phänomen der ökonomischen Globalisierung macht deutlich, daß es *auch im Ethischen um Globalisierung gehen muß*. Wer diese globale Rahmenordnung des Marktes will, muß auch ein *globales Ethos* wollen, ja sogar voraussetzen. »*Global Markets* need *Global Frameworks* based upon *Global Ethics* in order to orient a globalized economy towards sustainable development for the benefit of all« (dies ist auch das Ziel des »Global Society Dialogue« verschiedener Organisationen, initiiert von Professor F. J. Radermacher/Ulm).

Gewichtige Unterstützung dieser Vision erhalten wir durch den neuen Generaldirektor des IMF, Horst Köhler, auf dem Jahrestreffen in Prag 2000. Er erinnert dabei an den Appell von Präsident Václav Havel, »zu reflektieren über die größere Dimension der Aufgabe, die Globalisierung für das Wohlergehen aller wirken zu lassen: suchen nach neuen Quellen eines Sinnes der Verantwortlichkeit für die Welt.« Und Dr. Köhler fügt hinzu: »Ich teile voll diesen Appell, daß wir allgemein anerkannte moralische Standards brauchen. Ja, eine *globale Ökonomie braucht ein globales Ethos* (Hans Küng).«

Das globale Ethos betrifft selbstverständlich nicht nur Finanzmärkte und Handelspolitik, sondern auch technologische, soziale, kulturelle, ökologische Problemfelder und Frameworks. Es betrifft auch Entwicklungen wie etwa die Entschlüsselung des menschlichen Erbgutes (Genom). Diese läßt auf die Therapie von Erbkrankheiten hoffen – eine große Chance auch für Unternehmen und deren Aktionäre. Aber sie läßt auch gefährliche Eingriffe in das Erbgut befürchten, die schließlich auf Kosten der Würde des Menschen, ja, des Wohlergehens der Menschheit gehen könnten. Nicht nur in der Genforschung, *auch auf anderen Gebieten entsteht Regulierungsbedarf*, der die Politik herausfordert, der aber auch den guten Willen und die verantwortliche Einstellung aller Beteiligten voraussetzt.

Die mit dem rasanten Modernisierungsprozeß und dem Zurücktreten religiöser Bindungen gegebene *weltweite moralische Orientierungskrise* macht es deutlich: Eine Besinnung auf das notwendige Minimum an bestimmten ethischen Werten, Grundhaltungen und Maßstäben tut not. Eben ein *Weltethos für diese Weltgesellschaft und Weltwirtschaft*, auf das alle Nationen und alle Interessengruppen sich verpflichten können und sollen. Eine Rahmenordnung für die Finanzmärkte müßte global gelten. Auch ein *ethischer Grundkonsens* müßte global gelten, damit ein einigermaßen humanes, friedliches und gerechtes Zusammenleben auf unserem Globus gewährleistet ist. Ich möchte dies im folgenden verdeutlichen.

8. Voraussetzung der Marktwirtschaft ist eine intakte Zivilgesellschaft

Globalisierung, gerade wenn man sie bejaht, ist viel mehr als nur ein ökonomisches Konzept. Um der Globalisierung von Märkten, Technologie und Kommunikation *Nachhaltigkeit* zu verleihen, müssen die damit verbundenen Gewinne der Wirtschaft in sozial- und umweltverträglicher Weise erzielt werden, müssen bestimmte Sozial- und Umweltstandards berücksichtigt werden. Dafür ist eine Reflexion über *globale ethische Standards* unbedingt erforderlich.

Die heutige Globalisierung unterscheidet sich von früheren Formen der Entwicklung der Weltwirtschaft, die durch Freihandelsabkommen herbeigeführt wurden: Der sich rapid ausbreitende Fortschritt in den Technologien hat eine völlig neuartige Dynamik in Gang gesetzt. Dies hat für fast alle Volkswirtschaften und für viele ihrer Teilbereiche *Veränderungen* bewirkt in den *Problemen*, mit denen man zu tun hat, in der *Anzahl der Partner* und in einigen *Spielregeln*. Alle international tätigen Akteure sind davon betroffen und müssen auf diese Veränderungen reagieren. Um sicherzustellen, daß die wirtschaftliche Leistung den humanen und sozialen Zielen untergeordnet bleibt, braucht Globalisierung eine *politische Grundlage* und einen *ethischen Rahmen*.

Für die komplizierten Probleme im Zusammenhang mit der Globalisierung gibt es sicherlich keine leichten und schnellen Lösungen. Zu dem Prozeß, der zu globalen Lösungen führt, gehören: Kommunikation aller Betroffenen auf gleicher Ebene, Sich-Einlassen auf die Wahrnehmungsweise anderer Völker und die von einer Verantwortungsethik getragene Suche nach einem Konsens, der im Interesse aller Partner liegt. Es gibt offensichtlich keine Alternative zur freien und sozialen Marktwirtschaft. Erfahrungen der letzten Zeit auf der ganzen Welt und nicht zuletzt in Rußland haben jedoch gezeigt: Die *Marktwirtschaft* entfaltet nur dann ihre gewünschte Wirkung, wenn sie sich *auf eine intakte demokratische Zivil- oder Bürgergesellschaft stützt*, die auf Grundwerten und grundlegenden ethischen Standards beruht, die Rechte und Verantwortlichkeiten (Pflichten) umfassen. Nochmals die genannten vier Regierungschefs: »We need to strengthen civil society. Civil society is a check against overweening government and untrammeled market power. The underlying values should be clear – a society open and inclusive, but based on responsibilities as well as rights« (International Herald Tribune, 7. September 2000).

Angesichts der Globalisierung und Deregulierung der Märkte und des immer mehr auch die internationalen Beziehungen beherrschenden ökonomischen Wettbewerbsprinzips müssen aber über alles Nationale hinaus auch die *globalen Dimensionen* einer noch zu schaffenden *sozialen und ökologischen Marktwirtschaft* ausdrücklich bedacht werden. Deshalb komme ich in meinem neunten Teil zurück auf die Grundaussage des ersten Teils: Der globale Markt erfordert ein globales Ethos.

9. Das Projekt Weltethos

Oft hört man Fragen wie: Gelten noch Werte im Zeitalter der postmodernen Beliebigkeit – und wenn ja, welche sind es dann? *Wer soll denn »globale Spielregeln« setzen?* Wessen Werte und Normen sind dies? Meine Antwort zuerst prinzipiell und allgemein:

- Diese globalen Werte und Spielregeln sind nicht zu setzen, sondern sind *bereits gesetzt*.
- Die Werte und Normen finden sich in den seit Jahrtausenden überlieferten großen religiösen und philosophischen *Traditionen der Menschheit*.

Mit anderen Worten: Wir brauchen das Rad des Ethos heute nicht neu zu erfinden, wir müssen es nur richtig in Gebrauch nehmen. Denn wenn heute so viele Institutionen und Foren Standards – und, wie eingangs erwähnt, allein im Bereich der Finanzmarktstabilität mehr als 50 »Codes of conduct« – entwickeln, dann ist damit »zunächst noch kein ›Mehr‹ an Stabilität erreicht: Entscheidend ist die Umsetzung und Überwachung darüber, daß diese Standards auch eingehalten werden« (Jürgen Stark). Diese Umsetzung setzt in der Tat einige sehr *elementare Werte, Standards und Haltungen* voraus, deren Spuren sich bis in die Menschwerdung des Menschen zurückverfolgen lassen und die das Grundsubstrat eines gemeinsamen Menschheitsethos auch für heute ausmachen, wie im Projekt Weltethos formuliert.

Als ich im Jahre 1990 das Buch *»Projekt Weltethos«* (»Global Responsibility. In Search of a New World Ethic«) veröffentlichte, konnte ich kaum auf Dokumente von Weltorganisationen zu einer globalen Ethik verweisen. Zwar gab es Erklärungen der Menschenrechte, vor allem die der Vereinten Nationen von 1948, aber kaum Erklärungen zu Menschenpflichten. Schon drei Jahre nach Erscheinen von »Projekt Weltethos« aber kam es zur Proklamation der *Weltethos-Erklärung des Parlaments der Weltreligionen* (1993). Und jetzt, zehn Jahre später, existieren bereits mehrere wichtige internationale Dokumente, die sich nicht nur zu den Menschenrechten bekennen, sondern ausdrücklich von Menschenpflichten reden, ja, die programmatisch ein globales Ethos fordern und es sogar schon zu konkretisieren versuchen:

- Der große Bericht der *UN-Kommission für Weltordnungspolitik* (Global Governance) von 1995 fordert in allen Bereichen ein »Ethos der Nachbarschaft«: »Globale Werte« müssen »das Kernstück einer Weltordnungspolitik sein.«
- Der ebenso gewichtige Bericht der *Welt-Kommission für Kultur und Entwicklung*, ebenfalls 1995, fordert im allerersten Kapitel »A New Global Ethics«, ein neues globales Ethos, also ein Menschheitsethos, ein Weltethos »zur Bewältigung der genannten globalen Probleme«.
- Diese Forderung fand Unterstützung auch durch das *UNESCO Universal Ethics Project* 1997, das *World Economic Forum Davos* 1997 und von der *Indira Gandhi Konferenz* in *Delhi* 1997.

Von solchen internationalen Konferenzen und Kommissionen wird nicht nur die Notwendigkeit eines globalen Ethos betont, sondern zum Teil ausdrücklich die *Ausformulierung von Menschenpflichten* oder Verantwortlichkeiten des Menschen gefordert. Dies geschah zuerst 1993 durch das Parlament der Weltreligionen in der genannten Erklärung zum Weltethos, sowie durch den *InterAction Council* früherer Staats- und Ministerpräsidenten, der am 1. September 1997 den Vorschlag einer Allgemeinen Erklärung der Menschenpflichten (»responsibilities«) veröffentlichte.

Beide Erklärungen beruhen auf zwei *grundlegenden Forderungen der Humanität*, deren konkrete Anwendung die Atmosphäre in jedem Institut, Büro, Fabrikraum, Unternehmen verändert. Erstens: »Jede Person, gleich welchen Geschlechts, welcher ethnischen Herkunft, welcher Sprache, welchen Alters, welcher Nationalität oder Religion, *hat die Pflicht, alle Menschen menschlich zu behandeln.*« Und zweitens die Goldene Regel aller großen religiösen und ethischen Traditionen, die auch zwischen Nationen zu gelten hat: »*Was du nicht willst, das man dir tut, das füg' auch keinem anderen zu.*«

Darauf bauen *vier unverrückbare Weisungen* auf, die sich in allen religiösen und ethischen Traditionen der Menschheit finden und die gerade in einer Umbruchsituation in die Neuzeit hinein übersetzt werden müssen, was in den Dokumenten geschieht:

- die Verpflichtung auf eine *Kultur der Gewaltlosigkeit und der Ehrfurcht vor allem Leben*: Hab Ehrfurcht vor dem Leben! Neu die uralte Weisung: nicht töten!
- die Verpflichtung auf eine *Kultur der Solidarität und eine gerechte Wirtschaftsordnung*: Handle gerecht und fair! Neu die uralte Weisung: nicht stehlen!
- eine Verpflichtung auf eine *Kultur der Toleranz und ein Leben in Wahrhaftigkeit*: Rede und handle wahrhaftig! Neu die uralte Weisung: nicht lügen!
- eine Verpflichtung auf eine *Kultur der Gleichberechtigung und die Partnerschaft von Mann und Frau*: Achtet und liebet einander! Neu die uralte Weisung: die Sexualität nicht mißbrauchen!

Diese elementaren ethischen Normen zielen auf *freiwillige Selbstverpflichtung* auch im Raum der Wirtschaft. Es geht dabei jedoch nicht nur um ein individuelles, sondern zugleich um ein *soziales Ethos*. Gewiß ist es wahr, daß seit Beginn der Neuzeit moralische Antriebskräfte in Naturwissenschaft, Technik, Wirtschaft und Demokratie gewirkt und auch später über deren humanitäre Ausrichtung und Effizienz gewacht haben. Man spricht deshalb zu Recht von einer Moral, die sozusagen in unsere Institutionen und Systeme eingegangen ist: eine *»systemische Moral«*, die alle Beteiligten des jeweiligen Systems (der Wissenschaft, Technik, Wirtschaft, Politik) betrifft.

Aber was wäre die Moral des Systems ohne die Moral seiner Subjekte? Was die Moral der Institutionen ohne die Moral der Personen? Was sich alles mit unseren Institutionen anstellen läßt, wenn ein wichtiger Funktionsträger gewissenlos ist, hat sich in diesen Jahren zur Genüge gezeigt. Keine Frage: Die *Funktionalität der Institutionen* hängt ab von der *Integrität der Personen*. Wir sind nun schließlich, gut vorbereitet, beim Zentrum unseres Kolloquiums angekommen.

10. Richtlinien für globale Unternehmen

Wie wichtig diese Verpflichtungen gerade auch für globale Unternehmen sind, ergibt sich aus den von den Regierungen der 30 Mitgliedstaaten am 27. Juni 2000 verabschiedeten revidierten *OECD-Richtlinien für multinationale Unternehmen*, wie sie auch in den »Codes of conduct« einzelner Unternehmen schon festgelegt sind. Es ist bezeichnend, daß die hier dargelegten »Prinzipien und Standards für eine gute Praxis« als »freiwillig und gesetzlich nicht erzwingbar« erklärt werden. Mit anderen Worten: Es geht hier um Forderungen des nicht gesetzlich erzwingbaren *Ethos*. Das wird deutlich aus den einzelnen Richtlinien (vgl. »Guidelines for Multinational Enterprises adopted at the OECD Ministerial Meeting on June 27, 2000«):

- Die Forderung nach »disclosure«, daß die Unternehmen rechtzeitige, regelmäßige, verläßliche und relevante Informationen bezüglich ihrer Aktivitäten, Struktur, finanziellen Situation und Leistung zur Verfügung stellen sollen, setzt voraus den Willen zur *Wahrhaftigkeit*, Aufrichtigkeit, Transparenz.
- Die Forderung, im Sinn einer nachhaltigen Entwicklung besonders die Umwelt, die öffentliche Gesundheit und Sicherheit zu schützen, setzt voraus, daß die hier geforderten Aktivitäten getragen werden von der *Ehrfurcht vor dem Leben*, allem Leben, besonders natürlich dem der Menschen, aber in anderer Form auch dem der Pflanzen und Tiere.
- Die Forderung, daß Unternehmen nicht aus geschäftlichem Interesse direkt oder indirekt Schmiergelder oder andere Bestechungsmittel offerieren, versprechen, geben oder fordern sollen, setzt voraus, daß dahinter eine grundlegende Einstellung der *Gerechtigkeit* und der Fairneß steht, die auf eine gerechte Wirtschaftsordnung ausgerichtet ist.
- Die Forderung, gerade am Arbeitsplatz jede Diskriminierung aufgrund des Geschlechts zu vermeiden, setzt voraus die ethische Überzeugung von der *Partnerschaft* von Mann und Frau und die Notwendigkeit der Gleichberechtigung.

Oder für die Unternehmen ex negativo argumentiert: Eine unmoralische Geschäftsführung zahlt sich langfristig nicht aus. Denn:
- Früher oder später droht der *Konflikt mit dem Strafgesetz* auch denen, die meinen, immer ungeschoren durchzukommen.
- Bei sich wiederholenden Verstößen wird stets der Ruf nach *gesetzlicher Regulierung* laut, was dann von der Wirtschaft und jetzt von den Banken beklagt wird.
- Das Kreditgewerbe gibt ungern *Kredit* solchen, die nicht kreditwürdig sind, und Kredite werden vielfach nach folgenden Kriterien entschieden: in erster Linie *Charakter*, und erst dann »Capacity«, drittens: »Collateral«, viertens: »Capital«, fünftens: »Conditions«.
- Auch jede Firma ist auf mehr Kredit angewiesen als nur auf den finanziellen: Sie benötigt *Kredit* im Sinne der *Glaubwürdigkeit*, und dies in vielfacher Hinsicht:
  - für die Betriebsangehörigen und die Auszubildenden, die gerne in einer angesehenen Firma arbeiten möchten;
  - für die Anwohner und die Ortsgemeinde, auf deren Wohlwollen jede Firma angewiesen ist;
  - für die Financiers, die Zulieferer und die Kunden, welche allesamt ungern Menschen trauen, die keinen moralischen Kredit haben;
  - für die große Öffentlichkeit, vor der sich keine Firma auf die Dauer ein schlechtes Image leisten kann.
- Gesetze haben nur äußere Sanktionen, Ethos aber auch innere: Das *schlechte Gewissen* läßt sich nicht einfach unterdrücken, es macht sich bemerkbar – und sei es auch nur in den Träumen und mit schlechtem Schlaf.

Es muß also wie die politische Ethik auch die Wirtschaftsethik zugleich *person-orientiert*, *institution-orientiert* und auch *resultat-orientiert* sein (so der St. Galler Politikwissenschaftler Alois Riklin). Anreiz zu ethischem Verhalten kann sein, daß *Vertrauen*, als grundlegende Kategorie in Demokratie und Rechtsstaat, grundlegend auch für die Wirtschaft ist. Vertrauen oder Mißtrauen sind aber unter anderem Resultate wahrhaftigen oder unwahrhaftigen, fairen oder unfairen Verhaltens. Ein *Wirtschaftsethos* ist somit kein Luxus für ein Unternehmen, sondern ein *Schlüssel für Vertrauen und Voraussetzung für nachhaltigen wirtschaftlichen Erfolg*.

Vor diesem gesamten Horizont stellt sich schließlich eine Doppelfrage, nämlich:

1. auf welche Weise gerade globale Unternehmen *»innenpolitisch«* klare Verhaltensstandards vermitteln und praktizieren können, um das Rechtsrisiko zu senken, die Motivation und Identifikation der Mitarbeiter mit dem Unternehmen zu stärken und die öffentliche Glaubwürdigkeit der Firma zu erhöhen;
2. auf welche Weise globale Unternehmen *»außenpolitisch«* zur Überwindung der wachsenden Kluft zwischen Arm und Reich, Nord und Süd ihren unabdingbaren Beitrag leisten können, um eine bessere Weltordnung in Weltgerechtigkeit herbeizuführen.

Ausgewählte Literatur:

Hans Küng: Weltethos für Weltpolitik und Weltwirtschaft, Piper, München 1997.

Hans Küng: Projekt Weltethos, Piper, München 1990.

Hans Küng – Karl-Josef Kuschel (Hg.): Erklärung zum Weltethos. Die Deklaration des Parlamentes der Weltreligionen, Piper, München 1993.

Helmut Schmidt (Hg.): Allgemeine Erklärung der Menschenpflichten. Ein Vorschlag, Piper, München 1998.

Hans-Dieter Assmann: Weltethos und die rechtliche Ordnung der Weltwirtschaft. In: Hans Küng – Karl-Josef Kuschel (Hg.), Wissenschaft und Weltethos, Piper, München 1998.

Teil A
Globalisierung erfordert globale ethische Standards

Globale ethische Standards aus unternehmerischer Sicht

Jürgen Strube

Inhalt

Einleitung: Erfolg und Ethos – kein Widerspruch

»Weltethos für Weltpolitik und Weltwirtschaft« – um an den Titel des 1997 erschienenen Buches von Hans Küng zu erinnern – verbindet sich für mich – neben allen notwendigen theoretischen Fragen, die es zu diskutieren gilt – immer auch mit meinen ganz persönlichen Erfahrungen: Von den 32 Jahren meiner Zugehörigkeit zur BASF war ich rund die Hälfte der Zeit im Ausland tätig. Während dieser verschiedenen Auslandsaufenthalte hat sich in allen Kulturen, in denen ich gelebt habe, eine Verhaltensregel immer bestätigt:

»Es gibt nichts Gutes, außer man tut es!« (Erich Kästner)

In jeder Kultur gibt es Vorstellungen vom »Guten« und Erstrebenswerten. Nach meinen Erfahrungen aus den zahlreichen Kontakten, die ich auf vielen Reisen und in vielen Verhandlungen habe sammeln können, glaube ich sagen zu können, daß diese Vorstellungen oftmals gar nicht so weit voneinander abweichen. Aber die Wege, die zum Ziel führen sollen, sind häufig genug umstritten. Kulturelle Prägungen, das jeweils erwartete Verhalten, die Umgangsformen – all dies sind Voraussetzungen, die von Land zu Land, von Kultur zu Kultur sehr unterschiedlich sein können. Sich in vielen Kulturen zurechtzufinden, eine von allen Beteiligten akzeptierte Basis für das Handeln zu finden, bedarf der Auseinandersetzung mit den Voraussetzungen und Einstellungen der jeweils anderen und natürlich mit sich selbst.

»Ethos«, das sich in letzter Konsequenz immer auf das Handeln von Personen bezieht, muß also immer auch diese kulturellen Voraussetzungen mitreflektieren. Neben allen Begründungsfragen, die es zu klären gilt, darf die Umsetzung und der Anwendungsbezug als zentrales Element der Beschäftigung mit dem Ethos nicht aus dem Blick geraten. Dies gilt auch für die Reflexion über das kollektive Handeln weltweit tätiger Unternehmen.

Ein Ethos, das die wirtschaftlichen Handlungsbedingungen nicht berücksichtigt oder ihnen sogar widerspricht, kann von Unternehmen schlechterdings nicht umgesetzt werden. Arthur Rich, einer der Mentoren der Wirtschaftsethik im deutschsprachigen Raum, formulierte, daß »...jede Bemühung, ethisch auf die Gestaltung der Wirtschaft und des Verhaltens der in ihr tätigen Menschen einzuwirken, das ökonomisch Sachgemäße zu beachten hat. Es kann im wirtschaftlichen Geschehen ethisch nie vertretbar sein, was dem Sachgemäßen schlechthin widerspricht« (Arthur Rich: Wirtschaftsethik II, Marktwirtschaft, Planwirtschaft, Weltwirtschaft aus sozialethischer Sicht, Gütersloh 1990, S. 16).

Aus der Unternehmensperspektive erscheint es nicht sinnvoll, Erfolg und Ethos gegeneinander auszuspielen. Denn nur ein erfolgreiches Unternehmen kann die Erwartungen seiner Anspruchsgruppen auch erfüllen. Nur ein prosperierendes Unternehmen ist ein guter Lieferant, Kunde, Arbeitgeber und Steuerzahler und weist eine hohe Börsenbewertung aus, die zur Stabilisierung unternehmerischer Unabhängigkeit beiträgt. Umgekehrt aber ist das »Ethos« ein wichtiger Baustein für den Erfolg des Unternehmens. Entscheidend dabei ist der Anwendungsbezug und die tatsächliche Anwendbarkeit. Eine Grundvoraussetzung für jedes Unternehmen ist seine ständige Handlungsfähigkeit, auch unter Zeitdruck. Das bedeutet insbesondere für transnationale Unternehmen wie die BASF, daß wir in der Lage sein müssen, in jedem kulturellen Umfeld schnell zu Entscheidungen zu kommen, die von allen Beteiligten gleichermaßen akzeptiert werden können.

Im Unternehmensalltag kann es genauso entscheidend sein, eine Visitenkarte in höflicher Form zu überreichen oder die Vorstellungen zu berücksichtigen, durch die sich beispielsweise in einer Kultur »Sicherheit« ausdrückt. Es ist eine Erfahrung unserer Revisoren, die die Anlagensicherheit weltweit prüfen, daß es nicht ausreicht, auf Sicherheitsbestimmungen zu verweisen, wenn es in einer Kultur zum Sicherheitsbewußtsein gehört, daß aus einer funktionierenden Rohrleitung zum Beweis ihrer Funktionstüchtigkeit etwas tropfen muß. Völlig ohne bösen Willen aller Beteiligten kann es hier zu kulturell begründeten Mißverständnissen kommen, die das von keinem in Frage gestellte ethische Ziel »Sicherheit« beeinträchtigen können. Ethos und kulturelle Umgangsformen gehören immer zu den Voraussetzungen, die es zu reflektieren gilt. Am Ende brauchen wir konsensfähige Entscheidungen, die dazu beitragen, den Erfolg des Unternehmens zu sichern.

Dies allein ist nichts Neues. Die BASF blickt auf fast 140 Jahre Unternehmensgeschichte zurück. In dieser Zeit ist eine Unternehmenskultur gewachsen, deren Ethos sich aus der Wechselbeziehung zu einem homogenen gesellschaftlichen und kulturellen Umfeld gebildet hat. Mit Begriffen wie »die Anilin« oder auch »der Daimler« wird oftmals gleich das ganze Ethos, die gesamte Unternehmenskultur zum Ausdruck gebracht. Aber mit der stetigen Veränderung des Unternehmens, mit dem kontinuierlichen Wachstum eines pfälzischen Unternehmens, das seine Produkte weltweit verkauft hat, bis hin zur BASF-Gruppe, die mittlerweile in 180 Ländern vertreten ist und davon in rund 40 Ländern Produktionsstandorte unterhält, sind auch die Anforderungen in bezug auf den Umgang mit Fragen des Ethos oder der unterschiedlichen Kulturen kontinuierlich gewachsen.

Lassen Sie mich im folgenden zunächst einmal aus der Sicht eines transnationalen Unternehmens darstellen, was »Globalisierung« bedeutet und welche Anforderungen an die Auseinandersetzung mit dem Ethos sich für uns daraus ergeben. Ich werde anschließend an einigen konkreten Beispielen darstellen, welche Konsequenzen wir bei BASF gezogen haben, bevor ich abschließend noch etwas zu den Chancen eines globalen Ethos aus Sicht des Vertreters eines transnationalen Unternehmens sagen werde.

1. »Globalisierung« aus der Sicht eines global tätigen Unternehmens

I. Vorteile

»Globalisierung« bedeutet aus unserer Sicht zunächst einmal den Aufbau und Ausbau globaler Wertschöpfungsketten. Der Begriff umschreibt die Entwicklung von einem Unternehmen mit lokaler Produktion und globalem Vertrieb hin zu einem Unternehmen mit globalen Produktions- und Vertriebsstandorten. Diese Entwicklung zur »Transnational Corporation« wird in der Öffentlichkeit häufig negativ diskutiert, aber bereits 1992 veröffentlichten die Vereinten Nationen einen *World Investment Report*, in dem sie die Rolle der »Transnational Corporations as Engines of Growth« untersuchten. Das *Department of Economic and Social Development* kam bereits damals zu dem Schluß, daß es die global tätigen Unternehmen sind, die zum Motor für wirtschaftliches Wachstum, Handel, technische Entwicklungen und eine nachhaltige, zukunftsverträgliche Entwicklung im Sinne des *Sustainable Development* werden.

Aus unserer Sicht ergeben sich aus der Globalisierung folgende positiven Effekte:

Der Aufbau weltweit vergleichbarer Produktions- und Vertriebsstandorte sichert die Verfügbarkeit unserer Produkte auf einer globalen Basis mit dem Vorteil der Ansiedlung in lokalen Märkten.

Für uns ist entscheidend, daß wir vor Ort bei unseren jeweiligen Kunden präsent sind. Es ist wichtig, daß wir ihre spezifischen Anforderungen an unsere Produkte und Verfahren marktnah aufnehmen und umsetzen können und dabei gleichzeitig von unserer globalen Infrastruktur profitieren. Unsere Philosophie des Verbunds macht dies deutlich. Ursprünglich meinte »Verbund« einen reinen Produktionsverbund: Unsere Betriebe sind, wo immer sinnvoll und möglich, so angesiedelt, daß des einen Produkte oder auch Abfälle des anderen Vorprodukte werden können. Damit leisten wir einen wichtigen Beitrag zum schonenden Umgang mit Ressourcen und nutzen den ökonomischen Vorteil der Kostenersparnis. Wir pflegen aber genauso auch unseren Forschungsverbund innerhalb der BASF und beziehen unsere Kunden häufig in die Entwicklungsphase mit ein. Dieser Verbund lebt von der lokalen Präsenz und dem globalen Austausch. Durch ständigen Wissens- und Technologietransfer und indem wir weltweit Arbeitsplätze, nicht nur in unserem eigenen Unternehmen, schaffen, stärken wir die Infrastrukturen lokaler Gesellschaften. Wir selbst profitieren nicht nur von der Markt- und Kundennähe. Kulturelle Vielfalt innerhalb unseres Unternehmens bedeutet einen Gewinn an Kreativität und stellt dadurch eine weitere Zukunftssicherung dar. Ausschlaggebend für unsere Investitionsentscheidungen ist die Nähe zum Markt und zu unseren Kunden. Dabei bewegen wir uns in unterschiedlichen politischen Rahmenordnungen und nutzen auch den Spielraum, den wir dadurch gewinnen. Um beispielsweise nutzenbringende Produkte zu schaffen, die der Markt nachfragt, ist ständige Innovation unabdingbar. Deshalb kann die Innovationsfreudigkeit einer Gesellschaft, die sich in ihrer politischen Rahmenordnung spiegelt, ein Kriterium für oder gegen eine Investition in ein Forschungsvorhaben sein. Die Vorteile einer politischen Rahmenordnung zu nutzen darf nicht zu einer Art ökologischem oder sozialem Dumping führen. Darüber, so denke ich, herrscht in unserem Kreis Übereinstimmung.

II. Herausforderungen

Aber nicht erst hier beginnen die ethischen Herausforderungen, die die Globalisierung an transnationale Unternehmen stellt. Es geht nicht nur um global gültige ökologische oder soziale Standards, betroffen ist die gesamte Steuerung des Unternehmens.

Denn insgesamt steigt die Komplexität unserer Handlungsbezüge ständig, während gleichzeitig die Erwartungssicherheit sinkt. So werden Vertrauensbildung und der permanente Erweis der Glaubwürdigkeit zu einer ständigen Aufgabe. Die Akzeptanz eines Unternehmens, seine gesellschaftliche »license to operate«, hängt auch vom Umgang des Unternehmens mit dem Ethos ab. Eine Vertrauensbasis in komplexer werdenden Umwelten und unter den Bedingungen ständiger Veränderung zu schaffen und zu erhalten, kann nicht dem Zufall überlassen bleiben. Die Erfahrungen zeigen, daß Unternehmen diese Frage aus eigener Initiative proaktiv angehen müssen, um ihre eigenen Interessen, ihren Erfolg, zu wahren. Es ist die Aufgabe der Unternehmensführung, Steuerungsprozesse zu installieren, die helfen, das Unternehmen trotz unterschiedlicher – zumindest auf absehbare Zeit nicht zu harmonisierende – Handlungsbedingungen zu lenken und dabei Antworten auf die Frage zu finden: Wie können Unternehmen ihrer Verantwortung gerecht werden?

Das gilt hinsichtlich unterschiedlicher nationalstaatlicher Rahmenordnungen genauso wie im Hinblick auf die kulturelle Vielfalt. Es geht jeweils darum, Vorteile zu nutzen, ohne sie auszubeuten, und liegt im wohlverstandenen Eigeninteresse von Unternehmen, Governance-Strukturen zu entwickeln, die diesen Herausforderungen der Globalisierung gerecht werden.

Wie können solche Governance-Strukturen aussehen? Was bedeutet es, Vorteile zu nutzen, ohne auszubeuten? Ein hehrer Anspruch und eine besondere Herausforderung, wenn man bedenkt, daß die Grenze zwischen Nutzen und Ausbeuten fließend sein kann und je nach Interessengruppe anders gesetzt wird.

Unsere Antwort bei BASF heißt zusammengefaßt: Wir wollen Strukturen fördern, die es uns ermöglichen, in allen Ländern, in denen wir tätig sind, als lokaler »good corporate citizen« aufzutreten. Strukturen, die es uns ermöglichen, als globales Unternehmen in diesen Ländern als wichtiger lokaler Partner wahrgenommen zu werden. Das heißt für uns:

- Wir verhalten uns in jedem Land, in dem wir tätig sind, als guter Nachbar. Es ist uns wichtig, daß uns unsere jeweiligen Nachbarn vor Ort vertrauen.
- Für unsere Unternehmenskultur ist interkulturelle Kompetenz einer der Grundwerte. Wir betrachten die kulturelle Vielfalt als Chance und Quelle unserer Kreativität.
- Wir nehmen deshalb auf kulturelle Ausprägungen und Besonderheiten innerhalb unseres Unternehmens Rücksicht.
- Wir respektieren die jeweiligen gesetzlichen Rahmenordnungen und halten uns an die Gesetze der Länder.

  Dabei berücksichtigen wir insbesondere bei Umweltschutz und Arbeitssicherheit die Erkenntnisse unserer Fachabteilungen und gehen, wenn nötig, über die gesetzlichen Minimalanforderungen hinaus.

Nun machen sich solche Aussagen in Reden zum Weltethos natürlich gut – und Sie alle wissen, daß es immer wieder Situationen gibt, in denen das genaue Gegenteil solcher Absichtserklärungen an den Tag kommt. BASF selbst war 1999 in einen Fall von Preisabsprachen bei Vitaminen involviert. Wir haben dafür nicht nur erhebliche Geldstrafen gezahlt, sondern mußten auch den Verlust von Vertrauen und Glaubwürdigkeit hinnehmen.

Wenn wir von Ethos reden, muß uns bewußt sein, daß es nicht darum geht, jetzt weiße Westen zu demonstrieren. Es geht darum, unserer Verantwortung als Unternehmen gerecht zu werden. Wer dabei die Erwartung hegt, es müsse nur ein Hebel umgelegt werden, der wird enttäuscht. Wer glaubt, ein Vorstandsbeschluß sei die Lösung der Probleme, der irrt. Es geht uns um das Initiieren von Prozessen, die geeignet sind, Mißbrauch zu bekämpfen. Es geht darum, innerhalb unserer Organisation Strukturen zu schaffen, mit denen wir unserer Verantwortung nachkommen können. Wir brauchen Prozesse und Strukturen, die es aushalten, daß die Welt nicht perfekt ist, und die unsere Suche nach den besseren Lösungen unterstützen.

2. Antworten

I. Das Angleichen von sozialen und ökologischen Standards

Wir sind deshalb froh, daß es mittlerweile Initiativen gibt, die diese Idee aufgenommen haben.

Sustainable Development
Erwähnen möchte ich in diesem Zusammenhang das Leitbild der nachhaltig zukunftsverträglichen Entwicklung *Sustainable Development*. Es wurde im Zusammenhang mit der Konferenz der Vereinten Nationen in Rio de Janeiro im Jahr 1992 formuliert und in der Agenda 21 für die Völkergemeinschaft verbindlich vereinbart. Ziel ist es, den ökonomischen, ökologischen und sozialen Bedürfnissen unserer Gesellschaft gerecht zu werden, ohne die Entwicklungschance der nachfolgenden Generation einzuschränken.

BASF bekennt sich zu den Grundsätzen der Nachhaltigkeit, und wir leisten unsere Beiträge zu deren Umsetzung. So sind wir dem *World Business Council for Sustainable Development (WBCSD)* beigetreten, der Vereinigung von rund 150 Industrieunternehmen, die das Leitbild unterstützen. Ziel des WBCSD ist es unter anderem, eine engere Zusammenarbeit zwischen Unternehmen, Politik und allen gesellschaftlichen Gruppen zu fördern, die das Leitbild der nachhaltig zukunftsverträglichen Entwicklung umsetzen wollen. Wir haben bisher schon regelmäßig neben dem Geschäfts- auch einen Umweltbericht veröffentlicht. In diesem Jahr haben wir nun zum ersten Mal über alle Säulen des Nachhaltigkeitskonzepts, die ökonomische, die ökologische und die soziale Seite unserer unternehmerischen Verantwortung, berichtet. Außerdem richten wir einen Nachhaltigkeitsrat ein, in dem alle Regionen der BASF-Gruppe repräsentiert sind und der den Vorstand bei zukünftigen Entscheidungen über Investitionen unter dem Aspekt Nachhaltigkeit beraten wird.

Am Konzept der nachhaltig zukunftsverträglichen Entwicklung wird aber deutlich: Es gibt keine Patentlösungen für die Herausforderungen, vor denen wir als ganze Gesellschaft stehen. Nur über die Kooperation zwischen den gesellschaftlichen Gruppen kann es letztendlich zu Veränderungen kommen.

Global Compact

Diese Kooperation will den von Kofi Annan im letzten Jahr ins Leben gerufenen *Global Compact* fördern. Der *Global Compact* ist ein gemeinsames Projekt der Vereinten Nationen und der Internationalen Handelskammer (ICC). Ziel des Projekts ist die Umsetzung von neun Prinzipien aus den Bereichen Menschenrechte, Arbeitsstandards und Umweltschutz auf der Basis von *Sustainable Development.*

Der *Global Compact* setzt dabei selbst keine Mindeststandards, die von interessierten Unternehmen dokumentiert werden müßten. Es wird erwartet, daß Unternehmen, UN-Organisationen und Nicht-Regierungsorganisationen (NGOs) in Projekten miteinander kooperieren und so jeweils »Best Practices« in der Umsetzung der Prinzipien erarbeiten. Der *Global Compact* setzt also gezielt auf Kooperation statt Konfrontation.

BASF unterstützt diese Initiative von Anfang an. Die gemeinsame Arbeit mit NGOs, die zu dieser Kooperation bereit sind, hilft uns bei der Entwicklung nachhaltiger Instrumente. Dies zeigt sich am Beispiel der Ökoeffizienz-Analyse. Wir haben diese Analyse bereits 1996 entwickelt, um damit Produkte auf ihre Ökoeffizienz hin untersuchen zu können. Mittlerweile kooperieren wir mit dem Wuppertal-Institut für Klima, Umwelt und Energie (GmbH) und dem Öko-Institut Freiburg, um das Instrument auch anderen Gruppen zugänglich zu machen.

II. Die Unternehmenskultur eines transnationalen Unternehmens

Die genannten Initiativen, sei es *Sustainable Development* oder der *Global Compact*, fokussieren zu Recht die gesellschaftliche Verantwortung, zu der wir uns bekennen. Man kann diese Verantwortung nicht mehr trennen von der Verantwortung für den wirtschaftlichen

Erfolg eines Unternehmens. Es gibt aber, gerade im Hinblick auf diesen Erfolg, noch weitere Anspruchsgruppen, die die Verantwortlichkeit des Unternehmens für ihre Ansprüche einfordern. Und das sind unsere Mitarbeiterinnen und Mitarbeiter genauso wie unsere Geschäftspartner, seien es Kunden oder Lieferanten, und selbstverständlich die Eigentümer unseres Unternehmens, unsere Aktionäre. Wir sind ihnen allen verpflichtet. Unternehmensleitung bedeutet stets, im Spannungsverhältnis aller Interessengruppen zu entscheiden.

Unter den Bedingungen ständiger Veränderungen und unserer globalen Ausdehnung haben wir Anfang 1999 deshalb einen Prozeß mit dem Ziel gestartet, gruppenweit gültige Leitlinien zu erarbeiten, die uns einen verbindlichen Handlungsrahmen vorgeben. Die »Grundwerte und Leitlinien der BASF-Gruppe« sind unsere Selbstverpflichtung zu verantwortungsbewußtem Handeln. Sie legen zugleich die Maßstäbe offen, an denen wir uns selbst messen und an denen wir gemessen werden wollen. Wir haben diese Grundwerte in einem international besetzten Team erarbeitet. Unser Ziel war es, die Identität der BASF-Gruppe durch einen gemeinsam getragenen Orientierungsrahmen zu stärken und eine gemeinsame Handlungsbasis für unsere Aktivitäten zu schaffen. Fast könnte man das für den Versuch halten, ein globales Ethos zumindest für die BASF-Gruppe zu definieren. Aber abgesehen davon, daß wir uns das nicht anmaßen wollen, haben wir in diesem nur auf die BASF-Gruppe beschränkten Prozeß eines sehr schnell gelernt:

Schon die Diskussion der Begriffe, mit deren Hilfe wir unsere Werthaltungen beschreiben wollten, führte uns an Grenzen. Eine von allen gleich interpretierte neutrale Definition der Begriffe konnten wir nicht finden.

Um ein Beispiel zu nennen: »Integrity« und Integrität haben schon nicht mehr die gleiche Konnotation, ganz zu schweigen davon, daß der Begriff in einigen Ländern dieser Erde überhaupt nicht vorkommt, obwohl jeder der Beteiligten »irgendwie« etwas damit anfangen konnte. So verstanden die amerikanischen Kollegen unter »Integrity« das Einhalten der vorgeschriebenen Gesetze, während der Gebrauch von Integrität im deutschen Sprachraum viel umfassender ist und neben der rein juristischen Perspektive auch Unbestechlichkeit, Aufrichtigkeit, Ehrlichkeit, überhaupt die Übereinstimmung von Reden und Handeln einer Person mit erfaßt. Die Übereinstimmung von Wort und Tat, »Walk the Talk«, war für unsere asiatischen Kollegen zumindest gut nachzuvollziehen. Hier lag schließlich der Schlüssel für unsere Weiterarbeit.

Wir wollten uns nicht damit zufrieden geben, Begriffe zu verwenden, die im nachhinein doch zu Mißverständnissen führen. Deshalb haben wir diesen Versuch zugunsten eines anderen Verfahrens aufgegeben: Wir konnten uns relativ schnell darüber verständigen, welches Verhalten wir von Führungskräften und Mitarbeitern erwarten. So haben wir diese Erwartungen zur Definition herangezogen. Es ist uns nicht mehr darum gegangen, die jeweils korrekte philosophische oder theologische Letztbegründung für unsere Grundwerte zu finden. Wir wollten beschreiben, wer wir sind, was unsere Kultur im Kern ausmacht und was unsere Aktionäre, unsere Kunden und Geschäftspartner, ein Nachbar unserer Standorte vorfinden soll, wenn er unser Werk betritt, mit uns zusammenarbeitet oder in der Nähe unserer Anlagen wohnt. Wir haben das aufgeschrieben, was unsere Mitarbeiter am Arbeitsplatz erfahren und leben sollen. Jeder unserer Grundwerte ist so mit einer operationalen Definition versehen worden. Die Leitlinien stellen eine weitere Konkretisierung dar. Damit haben wir eine Handlungsbasis geschaffen, die in jeder Gruppengesellschaft in der gesamten BASF-Gruppe gilt. Alle Führungskräfte sind jetzt aufgerufen und per Zielvereinbarung verpflichtet, in ihrem jeweiligen kulturellen Kontext zu präzisieren, wie die Leitlinien konkret mit Leben gefüllt werden.

Ich kann in diesem Rahmen nicht im einzelnen auf alle Grundwerte eingehen. Lassen Sie mich aber doch zitieren, auf welcher Handlungsbasis wir stehen.

Als Mitarbeiterinnen und Mitarbeiter der BASF-Gruppe haben wir uns den folgenden Grundwerten verpflichtet:

- nachhaltiger Erfolg,
- Innovation im Dienste unserer Kunden,
- Sicherheit, Gesundheit, Umweltschutz,
- interkulturelle Kompetenz,
- gegenseitiger Respekt und offener Dialog,
- Integrität.

Die Grundwerte fassen zusammen, welche Prinzipien gelten sollen und welches Verhalten wir von unseren Führungskräften und Mitarbeitern erwarten.

Am Beispiel Sicherheit, Gesundheit und Umweltschutz möchte ich Ihnen dieses Zusammenspiel kurz erläutern. Wir sind Mitglied der Initiative der chemischen Industrie »Responsible Care«. Aus dieser Initiative leiten sich unsere Prinzipien ab. Unsere Umweltschutzabteilung hat deshalb die gruppenweite Kompetenz, für die Einhaltung unserer Umweltschutz- und Arbeitssicherheitsrichtlinien zu sorgen. Durch kontinuierliche, weltweite Revisionen stellen wir dies sicher. Von unseren Mitarbeitern erwarten wir ein diesbezügliches Umwelt- und Sicherheitsbewußtsein. Durch entsprechende Maßnahmen, die vom Sicherheitstraining bis zur Zielvereinbarung zur Verringerung von Arbeitsunfällen reichen können, fördern und unterstützen wir dieses Bewußtsein.

Das Prinzip interkulturell unterschiedlicher Ausprägungen gilt wiederum besonders für den Einsatz von Führungsinstrumenten. Während wir in Amerika und Europa zunehmend dazu übergehen, die Kompetenzen unserer Führungskräfte durch ein Feedback der Mitarbeiter beurteilen zu lassen, ist der Einsatz eines solchen Instruments in anderen Kulturen undenkbar. Hier ist es die Aufgabe unserer lokalen Personalabteilungen, angemessene Instrumente zu entwickeln, die dem Ethos und der Sitte des Landes besser entsprechen.

Sie sehen an meinen Ausführungen den bewußt gewollten und geförderten prozessualen Charakter unserer Grundwerte und Leitlinien.

Deren konkrete Umsetzung kann nur vor Ort und mit kontinuierlicher Unterstützung der entsprechenden Facheinheiten (z.B. Umweltschutz, Arbeits- und Anlagensicherheit, Arbeitsmedizin, Personal, Recht ...) geleistet werden. Durch die Integration in unsere Zielvereinbarungsprozesse ist sichergestellt, daß die Umsetzung erfolgt, der Stand der Umsetzung überprüft werden kann und die Mitarbeiter entsprechend ihrer geleisteten Beiträge bewertet werden können. Zusätzlich haben wir zur Einführung der Grundwerte und Leitlinien ein Support-Büro eingerichtet, das die Bereiche und Regionen gezielt beraten und unterstützen kann.

Es ist uns wichtig, die Umsetzungsprozesse zu initiieren, entsprechende Strukturen zu schaffen, die das Leben der Grundwerte ermöglichen, und zu versprechen, daß wir diese Prozesse fördern und für eine ständige Verbesserung sorgen.

3. Globales Ethos?

Ich habe vorhin schon einmal scherzhaft bemerkt, man könne annehmen, wir hätten mit dem Projekt Grundwerte intendiert, ein globales Ethos zumindest für BASF zu entwickeln.

So wünschenswert es aus Sicht eines für ein globales Unternehmen Verantwortlichen vielleicht auch wäre, mit weniger komplexen Strukturen konfrontiert zu sein oder eindeutigere Handlungsvoraussetzungen vorzufinden, so klar müssen wir auch erkennen, daß es diese Eindeutigkeit zumindest auf absehbare Zeit nicht geben wird. Selbst wenn es uns gelingt, uns auf einige »Essentials« unserer Weltkulturen und Weltreligionen zu verständigen, vielleicht allen voran auf Menschenwürde und Toleranz, werden wir uns doch damit abfinden müssen, daß Interpretation und Umsetzung immer wieder unterschiedlich gehandhabt werden und Anlaß für Mißverständnisse und Konfrontationen sind.

Aus der Unternehmensperspektive bedeutet »Globales Ethos« deshalb für mich die Bereitschaft, Verantwortung anzuerkennen und zu übernehmen. Globales Ethos kann dann auch davon leben, daß man sich auf Verfahren einigt, die dazu beitragen:

- eine gemeinsame Handlungsbasis zu schaffen,
- kulturelle Differenzen anzuerkennen und als Teil kreativer Prozesse zu verstehen,
- keine einmaligen oder gar endgültigen Ergebnisse zu erwarten, sondern vielmehr
- kontinuierlich im Gespräch um bessere Lösungen zu bleiben.

Solche Stakeholder-Gespräche sind keine Patentlösung für alle Probleme dieser Welt, aber sie sind für ein Unternehmen wie BASF ein konstruktiver Schritt, das Prinzip Verantwortung überall dort zu operationalisieren, wo dies in unserem unternehmerischen Alltag möglich ist. Dies ist für alle Beteiligten von Vorteil. Uns als weltweit tätiges Unternehmen gibt es die Chance, Leadership auch bei der Umsetzung globaler ethischer Standards zu übernehmen.

Welche Werte für unternehmerische Entscheidungsprozesse?

Rückfragen an Jürgen Strube

Klaus M. Leisinger

Inhalt

1. Zwei Grundfragen

Über die Tatsache, daß in einer globalisierten Weltwirtschaft globale ethische Standards erforderlich sind, um zu verhindern, daß sich die soziale und ökologische Verantwortung auf dem kleinstmöglichen Nenner einpendelt, besteht heute unter Menschen guten Willens Konsens. Globale ethische Standards zu proklamieren ist eine Sache, sie für Unternehmen zu operationalisieren ist jedoch eine andere. Geht man – wie das Professor Strube tut – davon aus, daß es *im wirtschaftlichen Geschehen ethisch nie vertretbar sein wird, was dem Sachgemäßen schlechthin widerspricht*[1], dann stellen sich zwei Fragen:

- Was ist das ökonomisch Sachgemäße? Diese Frage ist mit den Methoden der ethischen Reflexion nicht beantwortbar.

Und:

- Wie kann das ökonomisch Sachgemäße auf eine ethisch akzeptable – und das heißt vor allem sozial und ökologisch verantwortungs-

1 Rich A.: Wirtschaftsethik II. Marktwirtschaft, Planwirtschaft, Weltwirtschaft aus sozialethischer Sicht, Gütersloher Verlagshaus Gerd Mohn, Gütersloh 1990, S. 16.

volle – Art und Weise umgesetzt werden? Hier kommt es zu einer Güterabwägung, bei der auch ethische Argumente eine Rolle spielen.

Beim »wertenden Streiten« um das, was nützliche Parameter für die praktische Umsetzung des »globalen Ethos-Gedanken« sind, kommen höchst unterschiedliche Interessen und Vorstellungen ins Spiel. Und wo Wertungen ins Spiel kommen, da muß in pluralistischen Gesellschaften sehr Verschiedenes als richtig erscheinen: Wessen Werte sollen mit welchem Gewicht in welche unternehmerischen Entscheidungsprozesse einfließen?

Damit sich eine Unternehmensführung guten Willens nicht mit Hunderten von Stakeholdern auseinandersetzen muß, die Tausende von verschiedenen Forderungskatalogen an den privaten Sektor stellen, wäre es hilfreich, sich auf einen klar formulierten und weitestgehend unumstrittenen Kernkatalog ethischer Standards zu einigen. Ein solcher Kernkatalog wurde vom UNO-Generalsekretär Kofi Annan mit dem *United Nations Global Compact* vorgelegt.[2] Der UN Global Compact hat zum Ziel, die Kräfte des Marktes mit einem globalen ethischen Wertesystem zu einem Netz der nachhaltigen Entwicklung zu verweben. Er fordert die Einhaltung von neun Prinzipien, von denen zwei den Menschenrechten, vier der Ausgestaltung der Arbeitsbedingungen und drei dem Umweltschutz zugeordnet sind.

2. Offene Fragen

Jeder ernst zu nehmende Unternehmer wird uns sagen, daß Gewinne zwar für die langfristige Existenz unabdingbar sind, allerdings *nicht um jeden sozialen und ökologischen Preis* erzielt werden dürfen. Aber welcher »Preis« ist unternehmensethisch akzeptabel? Welche Abweichungen von dem, was heute in der Bundesrepublik als legitime Qua-

2 Für Details siehe: »http://www.unglobalcompact.org«.

lität sozialer, ökologischer oder anderer Standards angesehen wird, sind bei der Arbeit in einem Entwicklungsland unternehmensethisch relevant? Konkret: Falls der Indikator für die Sauberkeit des Rheins die erfolgreiche Wiederansiedlung des Lachses ist, gilt Vergleichbares dann auch für Investitionen am Ganges oder am Gelben Fluß? Oder reicht die Beachtung der jeweiligen lokalen Gesetzeslage für das Prädikat »legitim« aus? Wenn zwischen Extremen abgewogen werden muß, gibt es auch so etwas wie ein »rechtes Maß« in ökologischer Hinsicht? Und wenn ja, wer bestimmt das?

Zweifellos wäre es angesichts der heutigen globalen Umweltprobleme wünschenswert, wenn ein industrieller »Aufholprozeß« durch die Übertragung der jeweils höchsten ökologischen Standards bei Produktionstechnik und Produkten charakterisiert wäre. Daß dieses »Wunschdenken« in einem völlig anders strukturierten nationalen Umfeld jedoch letztlich an deutliche Grenzen stößt, ist ebenfalls offenbar: Was nützte es dem lokalen Ökotop, wenn ein deutsches Unternehmen z.B. in der Lagune von Lagos deutsche Standards für die Abwasserreinigung einhielte, während alle anderen, inklusive der Stadtbehörden, sich völlig anders verhielten?

Und wie steht es bei Löhnen, Gehältern und Sozialleistungen? Während man bei der Erörterung *»unbezahlter Gefangenenarbeit in Gefängnissen despotischer Länder«* noch relativ rasch zu einem eindeutigen Urteil kommt, ist die Bewertung von Unterschieden bei Löhnen, Gehältern und Sozialleistungen (kurz: der Standortvorteil der Entwicklungsländer) sehr viel schwieriger. Lohnunterschiede *per se* sind noch kein Hinweis auf die Unterschiedlichkeit moralischer Standards. Der Grundsatz »gleiche Arbeit, gleiche Bezahlung« hat seine Berechtigung, wenn *innerhalb* eines Unternehmens Frauen mit Männern, Ausländer mit Inländern oder andere gleichqualifizierte Gruppen miteinander verglichen werden. Wegen erheblicher Unterschiede z.B. bei den Lebenshaltungskosten, der Produktivität und anderem können für die Beurteilung der legitimen Lohnhöhe der Arbeiter und Angestellten in einem afrikanischen Entwicklungsland keine deutschen Löhne zum Vergleich herangezogen werden. Gleiches muß mit

Gleichem verglichen werden, d.h. Produktivitätsunterschiede und Kaufkraftparitäten spielen eine Rolle. Anpassungen an lokale Praktiken in einem sozialen Umfeld der Armut überschreiten allerdings dort die Grenzen der Legitimität, wo sie von dem abweichen, was im Unternehmen von den maßgeblichen Verantwortungsträgern *prinzipiell* als richtig erachtet wird.

3. Der UN Global Compact

Dieses Dokument stellt eine konkrete und mit den Zielen der Stiftung Weltethos kompatible Basis für Operationalisierungs-Diskurse dar:

Orientierung am ethischen Grundkonsens
Der UN Global Compact entstand aus der Überzeugung, daß überall auf der Erde – d.h. in allen Gesellschaften, Kulturen und Religionen – Menschen vergleichbare Grundpfeiler für das konfliktfreie Zusammenleben und den gewaltlosen Ausgleich von Interessen anerkennen. Wie Hans Küng in seiner Arbeit aufzeigt, sind dies Normen, die der Menschheit in all ihren kulturellen und religiösen Ausprägungen seit Jahrhunderten als Kompaß gedient haben.[3] Es gibt keinen Grund, diese in Zeiten der Globalisierung in Frage zu stellen.

Achtung der Menschenwürde
Arbeitende Menschen sind auch in armen Entwicklungsländern nicht bloße Werkzeuge, die man zur Produktion einsetzt, sondern sie haben eine unverletzbare Menschenwürde und Anrecht auf den Schutz der Menschenrechte. Dies gesagt, verbieten sich alle Diskriminierungen, etwa die nach Rasse, Farbe, Geschlecht, Sprache, Religion, politischer Überzeugung, sozialer Herkunft oder sonstigen Umständen, wie sie insbesondere in den Artikeln 2, aber auch 7 (Gleichheit vor

3 Küng H.: Weltethos für Weltpolitik und Weltwirtschaft, München/Zürich 1997.

dem Gesetz und Anspruch auf den gleichen Schutz durch das Gesetz) und in Artikel 23 (angemessene und befriedigende Arbeitsbedingungen, gleicher Lohn für gleiche Arbeit, soziale Schutzmaßnahmen sowie Bildung von und Beitritt zu Berufsvereinigungen) der *Allgemeinen Erklärung der Menschenrechte* angesprochen sind.

Sicherung der Grundbedürfnisse

Die soziale Situation vieler Entwicklungsländer ist noch immer durch große individuelle und kollektive Armut, anhaltendes Bevölkerungswachstum und große Landflucht gekennzeichnet. Dadurch entsteht ein permanenter Angebotsdruck auf die Arbeitsmärkte. Unter solchen Bedingungen ist ein Lohn nicht schon deshalb gerecht, weil er zwischen Arbeitgeber und Arbeitnehmer »frei« vereinbart wurde. »Marktlöhne«, die nicht ausreichen, einer Familie ein Leben über dem Existenzminimum zu ermöglichen, sind nicht legitim. Zusätzlich zu den üblichen Kriterien für die Festsetzung von Entlohnungen (Grad der Verantwortung, Leistung, Kompetenz, Erfahrung u.a.) muß das Kriterium *Sicherung der Grundbedürfnisse* berücksichtigt werden. Diese Forderung, die übrigens schon vor über hundert Jahren von Papst Leo XIII. in seiner Sozialenzyklika *Rerum novarum* gestellt wurde, hat nun durch den Global Compact neue Verpflichtungskraft erhalten.

Ebenfalls zur Sicherung der Grundbedürfnisse zu zählen ist ein Minimum an Umweltschutz, welches Gefährdungen der Gesundheit und eine irreparable Schädigung der Natur vermeidet.

Mögen entgegengesetzte Handlungsweisen zu den im Gastland herrschenden Üblichkeiten zählen – Unternehmen, die in ethischer Hinsicht bestehen wollen, dürfen sich bei der Anpassung an solche Spielregeln des Gastlandes nicht auf die berühmten »Römer« berufen, denen man gleichtut, wenn man in Rom ist.[4] Ausreden mit dem Verweis auf die Defizite anderer sind unglaubwürdig: Handlungsmacht ist selten »Vollmacht« und muß es auch nicht sein. Verantwor-

4 Leisinger K. M.: Unternehmensethik. Globale Verantwortung und modernes Management, München 1997.

tung tragen auch diejenigen, denen nur indirekte oder geringfügige Einflußnahme möglich ist. Globalisierung ist durch konsequentes Handeln im Geiste eines universellen ethischen Grundkonsenses steuerbar. Entsprechendes Handeln liegt im Interesse aller Beteiligten. Als Unternehmer in Europa muß man auch zu einheitlichen Standards stehen. Die multinationalen Unternehmen tragen hier eine besondere Verantwortung. Wie setzen wir das um, was wir für wichtig halten? Dies ist eine Konfliktsituation und eine Frage der Abwägung.

Gestaltung von Rahmenbedingungen für globale Märkte

Hans Tietmeyer

Inhalt

Vorbemerkung

Der erste Teil des Symposions steht unter der These »Globalisierung erfordert globale ethische Standards«. Diese These betrifft unterschiedliche Dimensionen der Unternehmensaktivitäten: die primär unternehmensinternen Verhaltensweisen einerseits und die vor allem marktbezogenen Aktivitäten andererseits, wenngleich beide Aktivitäten natürlich in gewissem Umfang wechselseitig aufeinander bezogen sind. Dieses Referat befaßt sich insbesondere mit der Frage nach den Gestaltungsmöglichkeiten der Rahmenbedingungen für die unternehmensexternen Aktivitäten und somit für die globalen Märkte – insbesondere im Finanzbereich.

1. Globalisierung vieler Märkte – unumkehrbar und unaufhaltsam

Das vielfach kontrovers diskutierte Phänomen der wachsenden Globalisierung vieler Märkte ist weder neu noch in seiner weiteren Entwicklung generell begrenzbar. Ohne jetzt näher auf die Historie eingehen zu können, sei nur daran erinnert, daß es mit der progressiven Öffnung vieler Grenzen zunächst zu einer überproportional wachsenden Internationalisierung vieler Handelsbereiche kam. Vor allem die geradezu revolutionäre Entwicklung der Informationstechnik in den letzten beiden Jahrzehnten hat diese Internationalisierung jedoch stark beschleunigt und ausgeweitet, immer neue Wirtschaftsbereiche einbezogen und sie zu einem eigendynamischen Globalisierungsprozeß weiterentwickelt. Insbesondere die neuen technologischen Möglichkeiten und die damit verbundene neue Rolle von Wissen als zentralem Rohstoff der Zukunft haben diesen Prozeß zugleich immer weniger begrenzbar gemacht.

Folgende Fakten dokumentieren den bisherigen Internationalisierungs- und Globalisierungsprozeß der Wirtschaft:

- Der internationale Handel ist nach der seit den 50er Jahren eingeleiteten Politik zunächst bilateraler, regionaler und dann auch weltweiter Handelsliberalisierung sowie dem Ausbau der internationalen Verkehrssysteme deutlich stärker gestiegen als die wirtschaftliche Produktion (laut IWF Anstieg des Welthandels seit 1970 um etwa das 16fache, Erhöhung der Weltproduktion jedoch nur etwa um den Faktor 2,5).
- Die grenzüberschreitenden Direktinvestitionen sind noch deutlich stärker als der Welthandel gestiegen (laut IWF Anstieg seit 1970 um den Faktor 46; seit 1990 sogar jährlicher Anstieg um rund 13 Prozent).
- Inzwischen kontrollieren sog. transnationale Unternehmen rund 25 Prozent der Weltproduktion und wickeln rund zwei Drittel des gesamten Welthandels ab; etwa die Hälfte davon sogar innerhalb des

eigenen Unternehmens (United Nations 2000, zitiert nach: Helmut Hesse, Beitrag zum 30. Wirtschaftswissenschaftlichen Seminar Ottobeuren).

Am deutlichsten spiegelt sich die wachsende Globalisierung in den internationalen Finanzströmen wider, und zwar in allen Segmenten der Geld- und Kapitalmärkte. Infolge des technischen Fortschrittes, der Liberalisierung des Zahlungs- und Kapitalverkehrs sowie nicht zuletzt der Tatsache, daß Kapital ein besonders mobiler Produktionsfaktor ist, waren und sind die Finanzmärkte gleichsam die »Frontrunner« der Globalisierung und damit zugleich auch eine starke Triebkraft für andere Wirtschaftsbereiche. Internationale Kapitalströme übertreffen heute sowohl das Volumen des Güter- und Dienstleistungshandels als auch das Volumen der grenzüberschreitenden Direktinvestitionen um ein Vielfaches. 1998 entsprachen weltweit etwa 3,5 Tagesumsätze am Devisenmarkt dem gesamten Jahresumsatz bei den Güter- und Dienstleistungsexporten.

Neben den bereits weitgehend globalisierten Märkten gibt es allerdings noch immer eine Vielzahl von dominant regional und lokal orientierten Märkten. Insbesondere wegen der Bedeutung spezieller Präferenzen und Produktionsbedingungen wird das in Teilbereichen wohl auch in Zukunft so sein. Vor allem die progressive technologische Entwicklung wird jedoch die Grenzlinie voraussichtlich weiter zugunsten der Globalisierung verschieben, allen politischen Widerständen zum Trotz. Jedenfalls dürfte ein weiteres Vordringen der ökonomischen Globalisierung in vielen Bereichen unvermeidbar sein.

Daß der bisherige Stand der Globalisierung und der fortschreitende Prozeß neben den offenkundigen ökonomischen Vorteilen (insbesondere eine ökonomisch effizientere Allokation der Ressourcen und damit eine weltweite Steigerung des Wohlstandes) auch zunehmende Risiken mit sich bringt, liegt auf der Hand. Zusätzlich zu der mit dem Globalisierungsfortschritt verbundenen Gefährdung von bisherigen wirtschaftlichen Besitzständen gibt es weltweit vor allem auch neue Risiken im Hinblick auf:

- die Realisierung von sozialen Mindestregeln für den Schutz des Faktors Arbeit,
- die Realisierung von Mindestregeln für den nachhaltigen Schutz der Umwelt,
- die dauerhafte Funktionsfähigkeit des Wettbewerbs und der Märkte sowie
- die Gefährdung des Gesamtsystems im Falle krisenhafter Zuspitzungen (z.B. sog. Systemrisiken an den Finanzmärkten).

Gerade auch unter ethischen Aspekten stellt sich für alle vier genannten Risikodimensionen die Frage, wie ihnen am besten wirksam entgegengewirkt werden kann.

2. Ethische Grundorientierungen

Über Definition, Rangordnung und Bedeutung ethischer Werte gibt es in der pluralistischen Weltgesellschaft natürlich große Unterschiede. Sie sind meist geprägt vom Einfluß unterschiedlicher Religionen, Philosophien, Traditionen und spezieller Erfahrungen. Dennoch sollte es zumindest einen Minimalkatalog von gemeinsamen Wertvorstellungen und Menschenrechten geben, die ihren Ursprung vor allem in der Personalität des Individuums und seiner Mitverantwortung für andere haben.

Auch für den Sachbereich Wirtschaft muß meines Erachtens der entscheidende Maßstab letztlich immer das dauerhafte Wohl der Menschen und der Beitrag zur Sicherung eines entsprechenden gesellschaftlichen Umfeldes sein. Über die Anwort auf die Frage, was denn nun dem Wohl des Menschen und dem dafür notwendigen Umfeld konkret am besten dient, gibt es natürlich immer unterschiedliche Urteile, jedenfalls solange Menschen darüber frei entscheiden können. Die Marktwirtschaft hat dabei nach meinem Urteil im Regelfall den Vorzug, die unterschiedlichen Präferenzen in friedlicher und zugleich effizienter Weise zum Ausgleich zu bringen. Erfahrungsgemäß bewirkt sie bei dauerhafter Funktionsfähigkeit auch die größte Effizienz im Hinblick auf das ökonomische Gesamtergebnis.

Die dauerhafte Funktionsfähigkeit der Marktwirtschaft hängt aber zu einem erheblichen Teil auch ab von der jeweiligen rechtlichen bzw. konsensgetragenen Rahmenordnung für das Handeln in der Wirtschaft. Eine solche gemeinsame Rahmenordnung fehlt jedoch weitgehend für die globalen Märkte. Zwar gibt es für die Abwicklung der Geschäfte viele allgemeine, konsensgetragene oder speziell vereinbarte Regeln; diese Regeln beziehen sich jedoch meist nur auf Einzelgeschäfte zwischen den Marktpartnern. Eine gemeinsame Rahmenordnung z.B. für die Sicherung der dauerhaften Funktionsfähigkeit der Marktwirtschaft sowie die Einhaltung gewisser sozialer und umwelterhaltender Mindeststandards gibt es jenseits der nationalstaatlichen Zuständigkeiten bisher jedoch kaum.

Das Fehlen einer solchen Rahmenordnung impliziert zweifellos Risiken, die nicht unterschätzt werden sollten. Das betrifft nicht nur die potentielle Gefährdung von sozialen Menschenrechten und künftigen Umweltbedingungen. Besonders bedeutsam sind auch die Risiken für die dauerhafte Funktionsfähigkeit der Märkte und des marktwirtschaftlichen Systems insgesamt. Solche Risiken können sich z.B. auf wichtigen Teilmärkten aus einer Erosion des Wettbewerbs durch Monopolisierungs- und Kartellierungstendenzen ergeben. Die Finanzmärkte sind darüber hinaus wegen ihrer starken weltweiten Verflechtung und der Beeinflussung vieler ihrer Aktivitäten durch kurzfristige Erwartungen besonders anfällig für systemgefährdende Ansteckungseffekte und verzerrende Übersteigerungen.

Solche Risiken so weit wie möglich zu verhindern ist auch aus ethischer Sicht eine wichtige Aufgabe. Dominantes Ziel muß es dabei sein, die internationalen Märkte dauerhaft funktionsfähig zu machen und Systemrisiken so weit wie möglich zu vermeiden. Angesichts des Fehlens einer generellen und weltweit akzeptierten politischen Autorität sowie der vielfach unterschiedlichen Zielvorstellungen ist die Realisierung dieser Aufgabe jedoch alles andere als leicht. Allgemeine Postulate genügen nämlich ebensowenig wie unrealistische Konzepte. Die Verantwortungsethik fordert viel mehr vor allem konkrete und realistische Schritte, um die system-immanenten Risiken und Gefahren so weit wie möglich zu begrenzen.

3. Mögliche strategische Ansätze

Für einen schrittweisen Aufbau von internationalen Rahmenbedingungen zur Systemstabilisierung der Märkte und zur Sicherung von sozialen und umweltbezogenen Mindeststandards bieten sich verschiedene strategische Ansätze an, deren Realisierungsmöglichkeiten jeweils im konkreten Fall geprüft werden müssen.

I. Auf- und Ausbau supranationaler Entscheidungsstrukturen

Vor allem weltweit bietet dieser Ansatz auf absehbare Zeit nur in sehr engen Grenzen Realisierungschancen. Die Vielfalt unterschiedlicher Zielvorstellungen sowie die Dominanz nationalstaatlicher Entscheidungsstrukturen machen den Auf- und Ausbau von effizient arbeitenden supranationalen Institutionen schon im Bereich einzelner Weltregionen schwierig, wie z.B. die Erfahrungen in der EU deutlich zeigen. Weltweite Organisationen mit supranationalen Kompetenzen und effizienten Entscheidungsstrukturen waren jedenfalls bisher kaum realisierbar. Insbesondere die schwerfällige und wenig effiziente Praxis der verschiedenen UN-Organisationen zeigt die engen Grenzen und Realisierungschancen dieses Ansatzes.

Dennoch sollte dieser Ansatz für die weitere Zukunft nicht ausgeschlossen werden. Vor allem einige der bereits bestehenden Institutionen und Organisationen wie z.B. der IWF und in Grenzen wohl auch die WTO bieten durchaus einige konkrete Erweiterungs- bzw. Verbesserungsmöglichkeiten. Allerdings darf der Zeitbedarf für die Realisierung nicht unterschätzt werden.

II. Ausweitung und Intensivierung der internationalen Politik-Kooperation

Insbesondere zwischen nationalen Regierungen der Industrie- und auch vieler Schwellenländer gibt es schon heute in einer Reihe von wirtschaftsrelevanten Bereichen bilaterale und auch multilaterale Kooperationen. Unterschiedliche Ziel- und Souveränitätsvorstellungen, politisches Prestigedenken, Rivalitäten der verschiedenen involvierten Instanzen etc. setzen jedoch dem Ausbau und der Effizienz auch dieses Ansatzes erfahrungsgemäß deutliche Grenzen. Solche transnationalen Kooperationen sollten im übrigen auch nicht den legitimen und in vielen Punkten sehr wohl nützlichen Wettbewerb um die richtige Politik außer Kraft setzen.

Trotz dieser Schwierigkeiten und Grenzen bietet dieser Ansatz der internationalen Politik-Kooperation jedoch durchaus noch ein Potential für die Weiterentwicklung. Das gilt vor allem für einzelne Gruppen von Ländern (z.B. G 7 oder G 10), wobei das Vorangehen einer Gruppe von Ländern allerdings oft auch durch befürchtete Wettbewerbsnachteile behindert wird.

III. Entwicklung und Vereinbarung von Mindeststandards und Codices für die Politik und für das Verhalten der Marktteilnehmer

Dieser Ansatz bietet im internationalen Bereich erfahrungsgemäß noch am ehesten realistische Möglichkeiten zur Initiierung praktischer Fortschritte. Allerdings stellen sich neben der Klärung des konkreten Inhaltes solcher Mindeststandards und Codices auch wichtige Fragen zur Umsetzung:

- Wer soll die Standards und Codices entwickeln? Die Antwort auf diese Frage ist auch wichtig für die diesen Standards und Codices zukommende Autorität.
- Wie kann ihre tatsächliche Beachtung sichergestellt werden? Hier kann eine Pflicht oder auch eine Wettbewerbspraxis zur Bekanntga-

be einer von neutraler Seite (z.B. durch internationale Organisationen oder renommierte Prüfungsinstitute) geprüften Einhaltung der Standards bzw. der Codices sehr wohl nützlich sein (Publizität als Druckmittel zur Anwendung und Einhaltung der Standards).

Die meisten Forderungen nach der Entwicklung einer *umfassenden* Architektur für eine *neue* Weltordnung stehen nach meinem Urteil – jedenfalls auf absehbare Zeit – im Widerspruch zu den tatsächlichen Realisierungsmöglichkeiten. Erfahrungsgemäß haben »Grand Design-Entwürfe« für ein ausgefeiltes weltweites Ordnungsgefüge in der Welt der Realitäten kaum Chancen. Vieles spricht deshalb für eine Kombination der unterschiedlichen Ansätze und realitätsbezogene Einzelschritte.

4. Gestaltung von Rahmenbedingungen für die dauerhafte Erhaltung von Wettbewerbsstrukturen, die Vermeidung übermäßiger Belastung der Umwelt und die Sicherung sozialer Mindeststandards

Bei der Entwicklung und Gestaltung von Rahmenbedingungen für die internationalen Märkte der Realwirtschaft dürften insbesondere die Aktivitätsbereiche: dauerhafte Wettbewerbsordnung, globaler Umweltschutz sowie die Sicherung von sozialen Menschenrechten von herausragender Bedeutung sein.

I. Erhaltung und Sicherung von funktionsfähigen Wettbewerbsstrukturen

Auf den internationalen Märkten sind zwar wegen der prinzipiellen Offenheit dieser Märkte die Gefahren einer wettbewerbsbeschränkenden Monopolisierung und Kartellierung tendenziell geringer als auf vielen nationalen Märkten. Hinzu kommt, daß der rasante technologische Fortschritt selbst und die zunehmende Bedeutung von patent- und urheberrechtlich kaum noch abschirmbarem Wissen als Produktions- und Wettbewerbsfaktor dominante Wettbewerbspositionen eher verhindert oder sie rascher erodiert als früher. Dennoch spricht – zumindest längerfristig – vieles für verstärkte Bemühungen um den schrittweisen Auf- und Ausbau einer globalen Wettbewerbsordnung mit einem Minimum an möglichst weltweiten Regeln.

Eine solche Wettbewerbsordnung dürfte wohl am ehesten im Rahmen oder doch unter dem Dach der WTO zu entwickeln sein. Dort sind bereits erste wettbewerbsrechtliche Schritte im Rahmen der Uruguay-Runde erfolgt, allerdings nur in bezug auf das mißbräuchliche Verhalten von Staaten selbst. Die bisherigen Abkommen in der WTO beziehen sich z.B. auf das Verhalten der Staaten gegenüber Auslandsinvestitionen, die Zulassung des Handels von Dienstleistungen sowie die Sicherung von Patenten und Urheberrechten. In bezug auf die Verhinderung und den Mißbrauch von privater Monopolmacht ist allerdings bisher in der WTO so gut wie nichts übernommen worden. Der Vorschlag von Karlheinz Paqué (Magdeburg) für einen Vierstufenprozeß (zunächst Notifizierungspflicht handelspolitisch relevanter nationaler Wettbewerbsrechtsentscheidungen, danach Einbeziehung der Wettbewerbsregulierungen in die routinemäßigen WTO-Überprüfungen der Länder, dann Entwicklung gemeinsamer Wettbewerbsregeln und zuletzt Aufbau eines Weltkartellamtes) zielt sicher in die richtige Richtung. In der letztlich auf dem Konsensprinzip basierenden Entscheidungsstruktur der WTO wird ein solcher Prozeß jedoch nur schwerlich voranzubringen sein. Eventuell könnte aber eine Gruppe von größeren Ländern die Initiative ergreifen und nach dem sog. Club-Prinzip vorangehen.

II. Nachhaltiger Schutz der globalen Umweltbedingungen

Schon in den 80er Jahren ist zunächst auf den Weltwirtschaftsgipfeln der G 7-Länder die Notwendigkeit von global orientierten Umweltschutzbemühungen thematisiert worden. Seither haben sich die UN in mehreren weltweiten Konferenzen (Kyoto, Rio de Janeiro und zuletzt Amsterdam) vor allem um die Entwicklung von Höchstgrenzen für die globale Belastung der Atmosphäre bemüht. Dabei sind zwar einige wichtige Fortschritte erzielt worden. Gleichzeitig sind aber auch die Grenzen für die Formulierung von auf dem Konsensprinzip basierenden Regeln und verpflichtenden Vereinbarungen sehr deutlich geworden. Entscheidende Fortschritte dürften auch hier letztlich wohl nur über das Vorangehen einzelner Gruppen von Ländern zu erreichen sein, wobei allerdings mögliche Wettbewerbsverzerrungen diesen Weg insbesondere dann behindern, wenn einige große Industrie- oder auch Schwellenländer nicht mitzugehen bereit sind.

III. Sicherung von sozialen Menschenrechten und sozialen Mindeststandards

Angefangen von der »Allgemeinen Erklärung der Menschenrechte« von 1948 über den 1966 von den UN beschlossenen »internationalen Pakt über wirtschaftliche, soziale und kulturelle Rechte« (sog. Sozialpakt) bis hin zu den vielen Übereinkommen in der *International Labour Organization* (ILO) gibt es bereits seit längerem einen erheblichen Grundbestand an internationalen Sozialregeln. Die ILO verfügt auch über einen vergleichsweise eingespielten Überwachungsmechanismus gegenüber ihren Mitgliedern.

Seit einiger Zeit konzentrieren sich die Bemühungen zur Weiterentwicklung dieser internationalen Sozialordnung insbesondere auf eine Verknüpfung mit der Entwicklungshilfe sowie mit der Weiterentwicklung der Handelsordnung in der WTO. So verständlich dieser Ansatz ist, ist hier auch Vorsicht geboten. Sozialstandards dürfen nicht als Vorwand für protektionistische Bestrebungen z.B. in den Industrieländern mißbraucht werden.

5. Verbesserung und Weiterentwicklung der internationalen Finanzarchitektur

Das 1948 in Bretton Woods geschaffene internationale Währungs- und Finanzsystem ist schon seit den 70er Jahren unter dem Druck der wachsenden Internationalisierung der Märkte und auch der ständigen Erweiterung des Kreises der Mitgliedsländer (zuletzt nach der Überwindung der Ost-West-Teilung) mehrfach verändert und weiterentwickelt worden. Seine institutionelle Struktur und die damit verbundene Kompetenzverteilung ist aber in der Grundlinie weitgehend erhalten geblieben: Die Weltbank ist insbesondere zuständig für die Förderung der Entwicklungsländer; der IWF dagegen vor allem für die Überwachung der währungsrelevanten Politik der Mitgliedsländer und für die Bereitstellung von Beistandskrediten in akuten Krisensituationen.

Nach dem Wegfall der Währungsparitäten zwischen den meisten Industrieländern Anfang der 70er Jahre haben sich die Krisenfälle seit den 80er Jahren vor allem auf die Entwicklungs- und Schwellenländer und in den 90er Jahren auch auf einige der sog. Transformationsländer im Osten verlagert. Im Zusammenhang mit der fortschreitenden Globalisierung und der extremen quantitativen Ausweitung der Finanzmärkte haben manche Krisen in den 90er Jahren zudem eine neue und teilweise auch systembedrohende Dimension angenommen. Insbesondere die nach der vorübergehenden Zahlungseinstellung durch Rußland ausgebrochene sog. LTCM-Krise (Long-Term-Capital-Managment-Krise) und die Länderkrisen in Asien haben weltweit systembedrohende Ansteckungs- und Eskalationsgefahren aufleuchten lassen.

Damals waren sowohl aus dem Bereich der Politik als auch der akademischen Welt viele Rufe nach einer neuen oder doch deutlich verbesserten weltweiten Finanzarchitektur zu vernehmen. Der Katalog der Forderungen reichte dabei von dem Übergang zu einer Weltwährung mit der Errichtung einer Weltzentralbank über eine weltweit organisierte Finanzaufsicht, die Errichtung einer internationalen Schuldenversicherungsagentur bzw. einer internationalen Konkursagentur für Staatsschulden bis hin zur Einführung einer Transaktionssteuer auf internationale Zahlungsvorgänge, einer möglichst konditionsfreien Bereitstellung von Krediten für ärmere Länder bzw. einem weitgehenden Erlaß ihrer Schulden oder einer Ablösung der Stimmrechte im IWF von den Einzahlungsquoten.

Inzwischen sind derart weitgehende Forderungen kaum noch zu hören oder zu lesen. Entweder haben sich in der seitherigen Diskussion die Gegenargumente weitgehend durchgesetzt, oder die zwischenzeitlichen Beratungen haben – zumindest auf absehbare Zeit hin – keine Realisierungschancen für solche Lösungen gezeigt. Deshalb kann hier auch auf eine eingehende Diskussion derartiger Vorstellungen für eine neue Architektur der Institutionen verzichtet werden. In den letzten Jahren bewegt sich die Diskussion erfreulicherweise wieder mehr auf dem Boden der Realität. Ohne die Bedeutung der allgemeinen Architektur-Diskussion zu unterschätzen, sollte nämlich nicht übersehen werden, daß solche ambitiösen Forderungen auch von möglichen Fortschritten im Rahmen der bestehenden Architektur ablenken können.

Eine Analyse der jüngsten Finanzkrisen zeigt, daß die hauptsächlichen Gefahrenquellen vor allem in folgenden Punkten zu sehen sind:

- Nicht genügend entwickelte eigenständige und nicht hinreichend beaufsichtigte private Finanzsysteme in den Krisenländern.
- Mangelnde Transparenz der tatsächlichen Schuldensituation der Kreditnehmerländer und der von ihnen verfolgten Politik.
- Problematische Bindungen der Wechselkurse an andere Währungen.
- Übermäßige Erwartungen auf ein »Bail-out« durch den IWF sowohl auf Seiten der kreditgewährenden bzw. -vermittelnden Finanzinstitute als auch auf Seiten der Schuldenländer (Moral-hazard-Problematik).
- Problematische Auflagenpolitik bei IWF-Krediten.

Diese fünf Schwachpunkte machen deutlich, wo Verbesserungen sowohl hinsichtlich der Prävention von Krisen als auch ihrer konkreten Bewältigung vordringlich ansetzen müssen.

I. Stärkung der Funktionsfähigkeit der nationalen Finanzsysteme sowie Verbesserung ihrer Aufsicht und Überwachung

Die Festlegung der rechtlichen Rahmenbedingungen für die Aktivitäten der Finanzinstitute liegt bisher im wesentlichen in der nationalstaatlichen Kompetenz. Vor allem in vielen Entwicklungs- und Schwellenländern gibt es dabei leider bis heute noch keine deutliche Grenzlinie zwischen dem privaten und staatlichen Verantwortungsbereich, insbesondere im Bereich der Haftung. In den asiatischen Krisen der 90er Jahre ist dieses Problem besonders deutlich geworden. Viele Kreditoren hatten aufgrund der engen Verzahnung von staatlichem und privatem Sektor fälschlicherweise die Existenz von De-facto-Staatsgarantien unterstellt. Gerade im Interesse der Prävention künftiger Krisen ist hier eine Klärung dringend notwendig.

Überdies sind in den meisten Industrie- und Schwellenländern die Aufsichtssysteme noch vorrangig sektorenbezogen organisiert (z.B. separate Aufsichtsorganisationen für Banken, Versicherungen, Börsen). Diese primär nationalstaatliche und sektorenspezifische Organisation der Ordnungs- und Aufsichtssysteme dürfte kurzfristig kaum veränderbar sein, wie ja auch die seit langem anhaltende Diskussion im EU-Bereich zeigt.

Bei dieser Sachlage ist schon gegen Ende der 80er Jahre von den Zentralbanken der G 10-Länder und der von ihr getragenen Bank für Internationalen Zahlungsausgleich (BIZ) in Basel ein informeller Koordinierungsprozeß zur Entwicklung gemeinsamer Grundregeln und Normen für den nationalen Rechtsrahmen und die Beaufsichtigung der Finanzinstitute in Gang gesetzt worden. Dieser informelle Koordinierungsprozeß hat insbesondere in den 90er Jahren eine mehrdimensionale Ausweitung erfahren:

- Über die Zehner-Gruppe hinaus wurden zunehmend auch wichtige Schwellen- und Entwicklungsländer einbezogen.
- Durch Gründung eines sog. Joint-Forums kam es auch zu einer ersten sektorübergreifenden Kooperation der für die Aufsicht Verantwortlichen.
- Zusätzlich wurden mehrere Zentren für die Aus- und Weiterbildung von Aufsichtspersonal (insbesondere für Entwicklungsländer) eingerichtet.

Sichtbares Ergebnis dieser informellen Kooperation ist eine Reihe von gemeinsamen Standards und Codices, wobei insbesondere die sog. Core Principles für die Gestaltung und Grundorientierung der nationalen Aufsichtssysteme inzwischen weltweit Anerkennung gefunden haben.

Diese Organisations- und Aufsichtsprinzipien in den einzelnen Ländern tatsächlich durchzusetzen, ist allerdings eine schwierige und wohl nur schrittweise voll zu erreichende Entwicklung. Erfreulicherweise prüft inzwischen auch der IWF im Rahmen seiner jährlichen Länderexamen, ob und inwieweit die einzelnen Länder diesen Mindestanforderungen tatsächlich Rechnung tragen oder nicht. Durch die (zur Zeit allerdings noch von der Zustimmung des betroffenen Landes abhängige) Publizierung dieser Prüfungsergebnisse soll dabei zunehmend Druck auf die den Mindestanforderungen noch nicht entsprechenden Länder ausgeübt werden. Ein an den internationalen Märkten bekannt werdendes Negativurteil dürfte sich nämlich bei den Marktkonditionen für das betroffene Land negativ auswirken.

Dieser Baseler Ansatz ist 1999 – auf meinen Vorschlag hin – mit der Gründung des Financial Stability Forum (FSF) erweitert worden. Das von den G 7-Ländern gegründete, inzwischen aber durch Einbeziehung weiterer Industrie- und Schwellenländer erweiterte Forum ist eine Art »Runder Tisch«, der unter dem Vorsitz des Managing Directors der BIZ regelmäßig die für die Finanzaufsicht in den Ländern Verantwortlichen mit den Vertretern der internationalen Organisationen wie IWF, Weltbank, OECD sowie den Leitern der verschiedenen einschlägigen internationalen Arbeitsgruppen zusammenbringt. Aufgaben dieses Forums sind neben der Koordinierung der einschlägigen Aktivitäten der Organisationen vor allem das frühzeitige Erkennen von Schwachstellen im nationalen und internationalen Finanzsystem sowie gemeinsame Bemühungen um konkrete Fortschritte zur Verringerung von »systemischen« Risiken. Dementsprechend hat das Forum inzwischen wichtige Themen – wie die Verbesserung der Aufsicht in den sog. Off-Shore-Centers, die Minderung der Risiken bei den sog. Highly-Leveraged-Activities, die Verbesserung der Transparenz bei kurzfristigen Kapitalbewegungen, die Konsequenzen der (internationalen und teilweise auch sektorenübergreifenden) Konzentration im Bereich der Finanzinstitute für Wettbewerb, die Liquiditätssicherung und Risikokumulation sowie die Bedeutung von Einlagesicherungssystemen – aufgegriffen und dabei auch eine Reihe von konkreten Vorschlägen für weitere Vorbeugemaßnahmen entwickelt.

Der Vorteil dieser Forumskonstruktion besteht vor allem in ihrer weitgehenden Informalität (Grundlage ist kein formeller Vertrag, sondern nur ein Beschluß der G 7-Finanzminister und -Notenbankgouverneure) sowie in der vor allem auf fachliche Kompetenz aufbauenden Teilnahme an den Beratungen und Vereinbarungen. Die dabei fehlende unmittelbare demokratische Kontrolle der Arbeit des Forums und seiner fehlenden vertraglichen Einbindung sind meines Erachtens vertretbar, da über die Umsetzung der Empfehlungen des Forums entweder in nationaler Verantwortung oder im Verantwortungsbereich der jeweils zuständigen internationalen Organisationen entschieden wird.

Die BIZ in Basel ist insgesamt im letzten Jahrzehnt zunehmend zu einem Zentrum für den informellen internationalen Informations- und Meinungsaustausch zwischen den Zentralbanken und mit den für die Aufsicht über die nationalen Finanzsysteme Zuständigen geworden. Über ihre neue Dependence in Hongkong und die geplante Niederlassung in Lateinamerika sucht sie diese Kontakte noch zu intensivieren. So ist vor wenigen Wochen auch ein Asean Consultative Council geschaffen worden, dem alle größeren asiatischen Zentralbanken angehören.

II. Verbesserung der Transparenz der Schuldensituation von Kreditnehmerländern und der von ihnen verfolgten Politik

Um ihre Funktionen dauerhaft erfüllen zu können, brauchen die Märkte möglichst zuverlässige Informationen über die aktuelle Lage und die beabsichtigte Politik der kreditsuchenden Länder. Nur so können die Risiken richtig eingeschätzt werden und ihren Niederschlag in der Preisbildung finden. Das gilt in besonderem Maße für die Finanzmärkte, weil deren Produkte vor allem auch Leistungen für die Zukunft enthalten. Insbesondere in den Entwicklungs- und Schwellenländern spielt bei der Abschätzung der Risiken für internationale Finanzgeschäfte neben der Offenlegung der individuellen Verhältnisse des jeweiligen Vertragspartners auch die gesamtwirtschaftliche Lage sowie die gesamte Schuldensituation des Landes eine erhebliche Rolle. Denn der Risikogehalt von Krediten wird dort erfahrungsgemäß besonders stark auch von der Gesamtverschuldung des Landes sowie der von den nationalen Instanzen verfolgten Politik bestimmt.

Die Krisenfälle in Asien in den 90er Jahren haben für viele der betroffenen Länder erhebliche Transparenzmängel offenbart. Es gab nicht nur viele Unklarheiten über die tatsächlichen Haftungsverhältnisse; auch die statistischen Angaben über die Gesamtverschuldung und die verfügbaren Währungsreserven waren hinsichtlich der Laufzeitenstruktur der Kredite, der gewählten Verschuldungswährung und auch der tatsächlichen Verfügbarkeit der Reserven oft sehr lückenhaft bzw. nur begrenzt zutreffend. Diese Informationslücken haben einerseits zweifellos zur Überschuldung vieler Länder beigetragen und andererseits im Krisenfall die Lage noch verschärft.

Inzwischen ist es erfreulicherweise zu einer Reihe von verstärkten Bemühungen gekommen, um die Transparenz der Schuldensituation und der Politik der betroffenen Länder zu verbessern. Insbesondere der IWF hat sich bei seinen Überwachungsaktivitäten verstärkt für mehr Transparenz über die tatsächliche Lage der Schuldenländer und auch für eine größere Offenlegung der Daten sowie der verfolgten Politik eingesetzt. Darüber hinaus hat die BIZ in enger Kooperation mit den Großbanken die regelmäßigen Kreditstatistiken nach Empfängerländern aufbereitet, sie aktualisiert und sie vor allem auch um Angaben zur Fristigkeit der Kredite ergänzt. Zusätzlich zu dieser allgemein erweiterten Veröffentlichungspraxis sind inzwischen einige der Schuldenländer bereits dazu übergegangen, ihre Kreditgeber in regelmäßigen Kreditorenrunden über ihre aktuelle Lage und die weiterhin angestrebte Politik zu informieren. Insgesamt sind also gerade in letzter Zeit erhebliche Fortschritte in Richtung einer verbesserten Transparenz erreicht worden.

III. Veränderungen in der Beurteilung von Wechselkursbindungen an andere Währungen

Bei nahezu allen Finanzkrisen der letzten Jahrzehnte spielten zu lange beibehaltene einseitige Wechselkursbindungen an eine der großen Weltwährungen (insbesondere an den US-Dollar) eine wichtige Rolle. Eine solche einseitige Bindung kann – wie ja auch die früheren Erfahrungen in Europa gezeigt haben – sehr ambivalente Wirkungen entfalten. Einerseits kann sie für den internationalen Handel und die eigene Politik eine wichtige Orientierung bieten und auf diese Weise Glaubwürdigkeit importieren; andererseits kann sich dieses so »geliehene« Renommee auch leicht ins extreme Gegenteil verkehren, nämlich dann, wenn die Märkte das Vertrauen in die Fähigkeit des Landes verlieren, diesen künstlich fixierten Wechselkurs dauerhaft beizubehalten.

Diese ambivalenten Erfahrungen haben insbesondere viele US-Ökonomen inzwischen zu der Schlußfolgerung gebracht, daß ein Entwicklungs- oder Schwellenland oder auch ein kleineres Industrieland letztlich nur die Alternative hat: entweder volle Wechselkursflexibilität oder aber eine dauerhafte und absolute Bindung an den Wechselkurs einer großen Währung, wobei eine solche Bindung nicht nur den Verzicht auf eine eigenständige Geld- und Währungspolitik, sondern auch die dauerhafte Hinnahme der Konsequenzen für die künftige

Wettbewerbsfähigkeit des betreffenden Landes bedeutet. Zwischenformen einer temporären und anpassungsfähigen Wechselkursbindung werden jedenfalls mehrheitlich in der wirtschaftswissenschaftlichen Diskussion seit einiger Zeit abgelehnt.

Wie auch immer man zu dieser Entweder-Oder-Position steht (der Verfasser hält nach wie vor hinreichend flexible Zwischenformen für realisierbar), richtig ist: Wechselkursbindungen sind immer dann riskant, wenn ein Land weiterhin eigene Präferenzen in der makroökonomischen Politik verfolgen will und/oder nicht dauerhaft bei gleichen Währungsbedingungen den Wettbewerb mit dem Währungsgebiet der anderen Währung durchhalten kann. Die Erfahrungen zeigen, daß diese Voraussetzungen nur selten tatsächlich dauerhaft gegeben sind.

Vor allem einseitige Wechselkursbindungen sind unter den heutigen und künftigen Finanzmarktbedingungen, deren Volatilität weitgehend von den jeweils vorherrschenden Erwartungen bestimmt wird, besonders riskant. Deswegen ist es verständlich und sinnvoll, daß inzwischen viele Länder in Asien und Lateinamerika, aber auch in Osteuropa nach teilweise schlimmen Erfahrungen ihre früheren Wechselkursbindungen zugunsten einer weitgehenden oder doch teilweisen Flexibilisierung aufgegeben haben. Flexible Wechselkurse geben zwar keine Garantie gegen übersteigerte Kursausschläge; sie verhindern jedoch erfahrungsgemäß größere Krisen verursachende Ausschläge, solange die interne Politik eine den Erwartungen der Märkte entsprechende Grundorientierung verfolgt.

Erfreulicherweise hat auch der IWF in seinen Länderkonsultationen diesen Lernprozeß gefördert. Allerdings bleibt abzuwarten, wie lange dieser Prozeß tatsächlich anhält. Jedenfalls sollten die bitteren Erfahrungen vieler Länder mit allzu festen Wechselkursbindungen nicht vergessen werden.

Eine positive Veränderung ist auch bei den Empfehlungen des IWF zur Liberalisierung des Kapitalverkehrs zu registrieren. Während der IWF insbesondere in den 80er und 90er Jahren im Regelfall für eine möglichst rasche und vollständige Liberalisierung des Kapitalverkehrs der Entwicklungs- und Schwellenländer plädierte, sind seine Plädoyers heute meist vorsichtiger formuliert. Zurecht weist der IMF heute daraufhin, daß vor dem Übergang zur vollen Kapitalverkehrsliberalisierung die Funktionsfähigkeit des internen Finanzwesens der betroffenen Länder gesichert sein müsse und daß in vielen Fällen ein stufenweises Vorgehen einer sofortigen vollständigen Liberalisierung vorzuziehen sei.

IV. Korrektur von Bail-out-Erwartungen und Vermeidung von Moral-Hazard-Effekten durch eine neue Orientierung der IWF-Politik und die Einbindung des privaten Finanzsektors

Bei den Krisen der 90er Jahre sind von vielen Kritikern der IWF-Politik auch die sog. Bail-out-Erwartungen sowohl seitens der überschuldeten Länder als auch ihrer privaten Kreditoren als Ursachen für Überschuldungen herausgestellt worden. Zwar gibt es zu dieser These verständlicherweise (insbesondere bei den Beteiligten selbst) auch manche abweichende Stellungnahmen; doch ist die Existenz solcher Erwartungen zumindest in einer Reihe von Einzelfällen kaum zu bestreiten, wie der Verfasser selbst in vertraulichen Gesprächen mehrfach erfahren hat.

Solche Bail-out-Erwartungen sind in Grenzen bei der Existenz eines internationalen Beistandssystems für die Krisenbewältigung kaum vermeidbar. Vieles deutet jedoch darauf hin, daß diese Erwartungen sich in den 80er und insbesondere 90er Jahren als Folge der oft sehr groß dimensionierten Hilfsprogramme des IWF übermäßig erhöht haben. Insbesondere die Praxis sehr großzügiger Liquiditätshilfen für Schwellenländer (z.B. in der zweiten Mexiko-Krise) als auch die Einrichtung, Weiterentwicklung und Prolongation vieler Kreditprogramme haben zunehmende Beistandserwartungen geweckt und zu einer Unterschätzung von Risiken beigetragen. Gerade in den letzten beiden Jahrzehnten hatte sich der IWF in den Augen vieler Kritiker von seiner ursprünglichen Rolle als »Katalysator« zur Krisenbewältigung weg in Richtung eines großzügig operierenden Entwicklungs- und Versicherungsagenten und »lenders of last ressort« entwikkelt.

Wenngleich diese Kritik sicher vor allem in der inneramerikanischen Diskussion bisweilen übertrieben worden ist und teilweise ja dort sogar zu Forderungen nach Abschaffung des IWF geführt hat, so kann und darf sie doch auch nicht einfach zur Seite geschoben werden. Erfreulicherweise sind ja inzwischen unter dem neuen Management auch bereits wesentliche Korrekturen in der praktischen IWF-Politik eingeleitet worden. So wurden z.B. die Finanzierungfazilitäten teilweise neu geordnet und vor allem mit nach Laufzeit gestaffelten Rückzahlungsverpflichtungen und bei Nichterfüllung steigenden Zinsstaffeln versehen. Darüber hinaus sind die Bemühungen um eine Beteiligung der privaten Kreditgeber zur Bewältigung von Krisen verstärkt worden. Zwar ist eine solche Beteiligung durch den wachsenden Anteil der verbrieften Schulden zunehmend schwieriger geworden. Durch den Einbau der sog. »emergency clauses« gibt es aber auch hier durchaus realistische Möglichkeiten, den Privatsektor im Krisenfall an etwaigen Umschuldungen oder gar Teilerlassen zu beteiligen.

Positiv sind in diesem Zusammenhang nach Auffassung des Verfassers auch die jüngsten Signale des Institute of International Finance (IIF) zu werten, das eine in Washington ansässige Interessenvertretung der großen privaten Finanzinstitute darstellt. Dieses Institut hat sich bereit erklärt, mit den einzelnen Schwellenländern in einen regelmäßigen Dialog zu treten, um ihnen sowohl beim Schuldenmanagement als auch bei der Entwicklung eines angemessenen Rechtsrahmens für die Stärkung ihrer Position an den Finanzmärkten behilflich zu sein. Die Schuldenländer müssen nämlich in ihrem eigenen Interesse lernen, eine den Anforderungen der Märkte entsprechende Kreditkultur zu entwickeln.

V. Neuorientierung der Auflagenpolitik bei IWF-Krediten

IWF-Kredite sind nach Statut und Praxis größtenteils mit Auflagen für das kreditnehmende Land verbunden. Diese Auflagenbindung entspricht grundsätzlich der »Katalysator-Rolle« des IWF und damit der Intention, durch eine Art von Gütesiegel zur raschen Krisenüberwindung beizutragen. Die Festlegung der Auflagen begegnet jedoch erfahrungsgemäß in der Praxis oft erheblichen Schwierigkeiten. Diese ergeben sich insbesondere aus dem Souveränitätsanspruch des kreditnehmenden Landes, der oft schwierigen Ursachenanalyse sowie dem Zeitbedarf für die Umsetzung der Auflagen. Die Festlegung der Auflagen und erst recht die Überwachung ihrer Umsetzung erfordern deshalb meist schwierige politische Verhandlungen.

Die Auflagenpolitik des IWF war schon oft Gegenstand heftiger Kritik, wobei diese Kritik nicht nur von den betroffenen Ländern selbst und ihren politischen Anwälten, sondern in den letzten Jahrzehnten zunehmend auch von neutralen Fachökonomen kam. Sie kritisierten nicht selten manche IWF-Programme als nicht hinreichend ursachenadäquat, ja bisweilen sogar als eher krisenverschärfend. Gewiß, diese Kritik war und ist bis heute überwiegend unberechtigt oder doch übertrieben. Dennoch deuten manche Erfahrungen auch darauf hin, daß die unterschiedlichen Krisenursachen insbesondere in den jüngsten asiatischen Krisen nicht immer genügend bei der Auflagenfestlegung berücksichtigt worden sind bzw. die Gewichte nicht richtig gesetzt wurden. Die Erfahrung lehrt, daß gerade bei der Formulierung der Auflagen weniger an Vielfalt oft mehr an Substanz bringt. Das neue Management des IWF scheint aus dieser Erfahrung inzwischen einige Lehren gezogen zu haben. Darauf deuten nicht nur manche Statements, sondern auch einige der jüngsten Auflageformulierungen hin.

Ein für allemal perfekte Lösungen gibt es jedoch weder bei der Auflagenfestlegung für die Bewältigung akuter Liquiditätskrisen noch für die Lösung von langjährig aufgebauten Schuldensituationen. Insbesondere in bezug auf die teilweise extremen Schuldenkrisen vieler der ärmsten Entwicklungsländer wird gerade von Fundamentalkritikern der Finanzmärkte oft mit einseitiger ethischer Begründung ein möglichst vollständiger und nicht selten auch konditionsfreier Erlaß aller Schulden gefordert. Abgesehen davon, daß jeder Erlaß einer Schuldenrückzahlung letztlich finanziert werden muß, darf auch die Frage nicht beiseite geschoben werden, wozu dieser Schuldenerlaß letztlich eigentlich dient und wem er Vorteile bringt. Auch ein Schuldenerlaß für die ärmsten Entwicklungsländer muß – gerade auch unter ethischen Gesichtspunkten – dazu beitragen, die Situation dieser Länder nachhaltig zu verbessern. Vorbedingung für einen solchen Erlaß sollte es deshalb sein, daß die betroffenen Länder selbst gewillt und fähig sind, im Rahmen ihrer Möglichkeiten die Voraussetzungen für eine nachhaltige Verbesserung ihrer Kreditfähigkeit zu schaffen. Ohne die Erfüllung dieser Voraussetzung wird ein Erlaß der Schulden z.B. durch den IWF die Lage dieser Länder nicht verbessern, sondern sie längerfristig eher noch verschlechtern. Es ist deswegen positiv zu werten, daß der IWF zusammen mit der Weltbank bisher an der progressiven Erfüllung der Auflagen als Voraussetzung eines Erlasses festgehalten hat. Ordnungsdefizite der Schuldnerländer können durch unkonditionierten Schuldenerlaß nicht beseitigt werden.

6. Fazit: Entwicklung von Mindestregeln durch informelle Kooperation

Der Aufbau selbst einer minimalen globalen Rahmenordnung für die internationalen Wirtschaftsbeziehungen und die weltweit operierenden Märkte ist außerordentlich schwierig. Unterschiedliche Vorstellungen und Interessen, politische Rivalitäten sowie das Fehlen handlungsfähiger und hinreichend demokratisch legitimierter supranationaler Institutionen werden voraussichtlich auch weiterhin vor allem den Auf- und Ausbau von handlungs- und durchsetzungsfähigen Institutionen behindern. Selbst die von Henry Kissinger jüngst erhobene Forderung: »Wir brauchen zunächst eine konzeptionelle Straßenkarte«, ist leichter zu erheben als dafür die notwendige internationale Gemeinsamkeit zu finden.

Auf absehbare Zeit sehe ich insbesondere drei konkrete Ansatzpunkte für eine tatsächliche Weiterentwicklung.

1. Die schon vorhandenen internationalen Organisationen und Institutionen und ihre Aktivitäten sollten im Lichte der neuen Erfahrungen konkret weiterentwickelt werden. Kontroverse Diskussionen über eine grundlegend neue Architektur und weltweite internationale Verhandlungen über neue Institutionen sind erfahrungsgemäß nicht nur langwierig, sie verzögern oft auch mögliche Verbesserungen im Rahmen des bestehenden Organisationsgefüges.
2. Einen Ansatzpunkt für tatsächliche Fortschritte in Richtung einer minimalen internationalen Ordnung stellt die auch zwischenstaatliche Vereinbarung von Mindestregeln dar. In Grenzen können hierbei auch Gruppen von Ländern vorangehen (sog. Club-Vereinbarungen). Das gilt vor allem für solche Ländergruppen, deren wirtschaftlicher Entwicklungsstand und deren politische Grundorientierungen ein relativ hohes Maß an Gemeinsamkeit aufweisen (vgl. Vorreiterrolle der G 7 bzw. G 10). Wichtig ist dabei jedoch, daß solches gruppenbezogenes Vorgehen nicht zu Lasten anderer Länder geht und daß solche Vereinbarungen nicht als Ausdruck von Dominanz- oder Hegemonialansprüchen erscheinen.
3. Die größten Chancen für tatsächliche Fortschritte bei der Entwicklung und Umsetzung von Mindestregeln bietet jedoch eine möglichst informelle Kooperation von Marktteilnehmern und involvierten nationalen Aufsichtsinstitutionen. Dies zeigen jedenfalls die bisherigen Erfahrungen mit der Entwicklung von Mindestregeln und Wohlverhaltenscodices im Finanzbereich. Ein möglichst informeller Meinungs- und Erfahrungsaustausch der unmittelbar Beteiligten – wie er sich z.B. im Umfeld der BIZ entwickelt hat – bewirkt meist mehr und raschere Fortschritte als formelle, erfahrungsgemäß stärker von nationalen Prestigeüberlegungen getriebene politische Verhandlungen.

Und was die tatsächliche Anwendung von vereinbarten Mindestregeln und Wohlverhaltenscodices angeht, so bietet zumindest für den so sehr von Glaubwürdigkeit und Zukunftserwartungen bestimmten Finanzsektor das Instrument der Publizität erfahrungsgemäß einen erheblichen Realisierungsdruck. Das gilt vor allem, wenn die an den Märkten führenden Institute und Länder vorangehen. Der Wettbewerb erzwingt dann eine verbreitete Anwendung der entwickelten Mindestregeln und Codices, jedenfalls soweit diese für die nachhaltige Position und Akzeptanz als Marktpartner von Bedeutung sind.

Ökonomische Sachgesetze und Kreativität für ethische Lösungen im Widerspruch?

Rückfragen an Hans Tietmeyer

Hermann Sautter

Inhalt

Mit den meisten Überlegungen von Herrn Tietmeyer bin ich völlig einverstanden, so daß es mir etwas schwer fällt, kritische Fragen zu formulieren. Ich will diese mir zugedachte Aufgabe trotzdem übernehmen und dabei nicht nur die Überlegungen von Herrn Tietmeyer zu den Rahmenbedingungen der Finanzmärkte aufgreifen, sondern auch auf seine Gedanken zur Ordnung anderer Märkte eingehen. Dem Thema entsprechend könnte man so vorgehen, daß man Fragen an die Politiker stellt, denn sie sind in erster Linie für die Gestaltung der Rahmenbedingungen verantwortlich. Auch wenn nun mit Herrn Schmidt die Seite der Politik hier mindestens gleichgewichtig zur wirtschaftlichen Seite vertreten ist, will ich meine Fragen vorwiegend auf die unternehmerische Verantwortung ausrichten. Dazu hat uns ja auch Herr Küng mit dem uns zugesandten Papier angeregt.

1. »Bail-in« privater Gläubiger?

Meine erste Frage bezieht sich auf die Vermeidung und Bewältigung internationaler Finanzkrisen. Herr Tietmeyer hat zu Recht betont, daß dies nicht ausschließlich Sache des Internationalen Währungsfonds sein kann. Dazu müssen auch die privaten Akteure auf den Finanzmärkten beitragen: Banken, Investmentfonds, Anleihegläubiger usw. Es ist eine häufig vertretene These, daß der Beitrag der privaten Akteure bisher zu gering gewesen sei, weil der Währungsfonds sowie nationale Zentralbanken die Erwartung eines »Bail-out« geweckt hätten. Die These ist umstritten. Der Währungsfonds hat geschätzt, daß private Investoren, Banken und Anleihebesitzer etwa 350 Milliarden Dollar bei der ostasiatischen Finanzkrise der Jahre 1997/98 verloren haben. Gleichwohl mag es solche »Bail-out«-Erwartungen geben.

Wie läßt sich also ein »Bail-in« privater Gläubiger bei der Krisenvermeidung und Krisenbewältigung erreichen? Es gibt dazu viele Vorschläge, die sehr umstritten sind. Die privaten Finanzmarktakteure halten sich verständlicherweise mit eigenen Vorschlägen zurück. Wie ist es beispielsweise zu beurteilen, wenn den Schuldnern im voraus eine Option für die Verlängerung der Laufzeit von Krediten eingeräumt wird, die im Krisenfall genutzt werden kann? Wie ist die Einbeziehung von Anleihegläubigern in eine Umschuldung durch entsprechende Bondverträge zu beurteilen? Sind Kollektivklauseln bei Anleiheverträgen sinnvoll, durch die eine qualifizierte Mehrheit der Gläubiger über die Beteiligung von Anleihebesitzern an Umschuldungen entscheiden kann? Meine Frage gilt also den Methoden eines »Bail-in«.

2. Nationale Besteuerung kurzfristiger Kapitalbewegungen?

Meine zweite Frage zielt ebenfalls auf Finanzmärkte. Viele Länder, insbesondere Entwicklungs- und Schwellenländer, haben ihre nationalen Kapitalmärkte in den letzten Jahren liberalisiert, und sie sind damit hohe Risiken eingegangen. Der Vorschlag einer *internationalen* Steuer auf Devisentransaktionen, der auf Tobin zurückgeht, mag unrealistisch sein. Aber muß man den Schwellen- und Transformationsländern nicht vorschlagen, durch eine *nationale* Besteuerung kurzfristiger Kapitalbewegungen das Risiko volatiler Finanzströme zu begrenzen? Chile ist damit nicht schlecht gefahren.

War für die Finanzkrisen der letzten Jahre nicht auch eine Liberalisierungseuphorie verantwortlich, die dazu geführt hat, daß viele Länder die Risiken international verflochtener Kapitalmärkte unterschätzt haben und es dadurch versäumten, die notwendigen Instrumente zur Lenkung der Kapitalströme zu entwickeln? Tragen dafür nicht auch die großen Akteure auf den internationalen Finanzmärkten eine Mitverantwortung?

3. Zügelung unternehmerischen Machtstrebens?

Meine dritte Frage bezieht sich auf die Rahmenbedingungen des internationalen Wettbewerbs. Die Globalisierung löst nicht alle Wettbewerbsprobleme. Sie läßt auch neue entstehen. Eines dieser Probleme können Fusionen zwischen Unternehmen aus verschiedenen Ländern sein. Solche Zusammenschlüsse mögen durchaus der ökonomischen Ratio entsprechen. In nicht wenigen Fällen scheint aber das vorherrschende Motiv ein persönliches Machtstreben der Spitzenmanager gewesen zu sein. Wie wir wissen, scheitern in mehr als der Hälfte aller Fälle solche Unternehmenszusammenschlüsse. Die Kosten zahlen dann nicht nur diejenigen, die solche Fusionen eingefädelt haben (sie vielleicht am wenigsten). Betroffen sind Tausende von Beschäftigten. Wie läßt sich das unternehmerische Machtstreben zügeln, das zu wirtschaftlich irrationalen Fusionen führt, aus denen sich hohe soziale Folgekosten ergeben können?

4. Ethische Lösungen nur unter dem Druck der Öffentlichkeit?

Eine weitere Frage richtet sich auf die Verantwortung von Unternehmen beim Schutz von Sozial- und Umweltstandards. Es gibt eine Reihe von Beispielen dafür, daß Unternehmen nach einer massiven Medienkampagne dazu bereit waren, ihre Geschäftspraktiken in Entwicklungsländern zu ändern, sich einen Verhaltenscodex zu geben und dessen Einhaltung durch eine neutrale Instanz überwachen zu lassen. Der Druck der Öffentlichkeit hat sie also dazu veranlaßt, für ein offenkundiges ethisches Problem eine Lösung zu finden, die durchaus ökonomisch zu vertreten war.

Wie läßt sich erreichen, daß Unternehmen auch dann eine vernünftige Lösung für die ethische Problematik ihres Handelns suchen, wenn sie nicht durch den Druck der Öffentlichkeit dazu gezwungen werden? Oft besteht dieser Druck darin, daß man diffamiert, polemisiert und mit falschen Behauptungen argumentiert. Eine ethisch wünschenswerte Verhaltensänderung wird also mit unmoralischen Methoden erreicht. Muß das so sein?

5. Ökonomische Sachgesetze als Alibi?

Daraus ergibt sich eine fünfte Frage. Offenkundig machen es sich viele Unternehmen zu einfach mit dem Hinweis auf ökonomische Sachzusammenhänge. Die Firma Nike hat beispielsweise lange Zeit behauptet, es sei erstens nicht möglich und zweitens wirtschaftlich nicht vertretbar, auf höhere Löhne bei ihren Subunternehmen in Indonesien zu achten. Nach einer Medienkampagne und nach einem Boykottaufruf von Verbraucherverbänden war es dann schließlich doch möglich und auch ökonomisch vertretbar. Wie können Unternehmen und Unternehmensverbände verhindern, daß der Hinweis auf ökonomische Sachgesetze zum bequemen Alibi wird für eine fehlende Kreativität bei der Suche nach ethischen Lösungen?

6. Ist Verantwortung für öffentliche Güter erzwingbar?

Eine sechste Frage wird angeregt durch die Nachrichten der letzten Tage. Sie betrifft den internationalen Klimaschutz. Das von den Vereinten Nationen eingesetzte internationale Expertengremium für die Erforschung des Klimawandels (IPCC) hat in seinem jüngsten Gutachten festgestellt, daß die Änderung des Weltklimas schneller voranschreitet, als dies bisher angenommen worden war. Das Gremium hat im Laufe der Jahre verschiedene Gutachten vorgelegt, und von Mal zu Mal wurden die Prognosen genauer. Man wird also nicht davon sprechen können, es handele sich um Spekulationen. Mit ziemlicher Sicherheit wird sich das Weltklima bis zum Jahre 2100 um 1,4 bis 5,8 Grad Celsius erhöhen, und dies wird insbesondere in der südlichen Erdhälfte zu einer schwerwiegenden Benachteiligung der Landwirtschaft führen. Die Ursachen dieser Entwicklung sind weitgehend bekannt: Es ist die wachsende Emission von Treibhausgasen, insbesondere von Kohlendioxyd. Die USA tragen mit 25 Prozent zum weltweiten CO_2-Ausstoß bei. Sie haben, ebenso wie andere Länder, in der Klimarahmenkonvention die vage Zusage gegeben, diese Schadstoffemission zu verringern. Nun hat Präsident Bush vor kurzer Zeit erklärt, die USA sähen sich an keinerlei Zusagen gebunden und würden CO_2 nicht mehr als »Schadstoff« ansehen. Daraus ergibt sich meine Frage: Welche Möglichkeiten bleiben der Staatengemeinschaft, wenn die weltwirtschaftliche Führungsmacht nichts von ihrer globalen Verantwortung wissen will?

Teil B
Trotz verschiedener Kulturen gemeinsame ethische Normen

Erfahrungen aus den USA und Spanien

Tilman Todenhöfer

Inhalt

Zum Ausgangspunkt meiner Ausführungen einige persönliche Angaben: Seit neun Jahren bin ich bei der Robert Bosch GmbH (derzeit weltweit rund 225.000 Mitarbeiter) in der Geschäftsführung u.a. für Personal, Revision und Recht zuständig. In diesen Bereichen spielt sich in besonderer Weise die Diskussion über Werte und deren Wandel in diesem (und ich sage dies mit Stolz) außerordentlichen Unternehmen ab.

Deutschland habe ich während fast 20 Jahren aus dem Ausland beobachtet: Als Anwalt in Spanien (Spezialität Sanierung von Unternehmen) habe ich von November 1975 (Tod Francos) bis 1992 hautnah miterlebt, wie nicht nur die spanische Gesellschaft, sondern auch die spanischen Unternehmen abrupte Wandelungen der Werte und der ethischen Grundlagen durchlitten oder auch aktiv gestaltet haben.

1. USA

Zu den USA besteht ein vielfältiger Bezug aus meiner Tätigkeit. Das globale Ethos der deutschen Mutter und dessen Wahrnehmung durch unsere US-Führungskräfte ist ein spannendes Thema. Gleichzeitig wird mir viel über amerikanische Unternehmen und die Ausstrahlung ihrer »Ethics« auf ihre deutschen Töchter berichtet.

Grundvoraussetzung: Ethik, wie auch der gute Umgang mit den Mitarbeitern und deren Vertretern, kann nicht das ständige Streben nach unternehmerischem Erfolg ersetzen. Unternehmerischer Erfolg ist aber um so glaubwürdiger und stabiler, wenn er im Einklang mit positiven Grundwerten der Mitarbeiter und der Gesellschaft erwirtschaftet wird. Wirtschaftlicher Erfolg ist eine gute Grundlage, sich nachhaltig um Ethik im Unternehmen und globales Ethos kümmern zu können.

Einige persönliche Eindrücke als Vergleichspunkt zu den USA: Des Deutschen Ethos entwickelt sich aus einem Geflecht historischen Schuldbewußtseins, der daraus folgenden Scheu, international bestimmend aufzutreten, einem merkwürdigen Unsicherheitsgefühl, wie deutsches Moralverständnis zum Ausdruck gebracht werden könnte, und Unsicherheit oder auch Verdrängen, was nationale Werte sein könnten oder müßten. In unserem Kulturumfeld klar angesprochen: Wir sind uns eben nicht so sicher wie die US-Amerikaner, die Franzosen oder Engländer. Ich formuliere keine Kritik, sondern versuche, den schwierigen Ausgangspunkt für ein von einer deutschen Hauptverwaltung ausgehendes globales Ethos zu definieren.

Der Amerikaner (der US-Bürger), so meint man, kann seine Botschaft unbefangen und mit historisch begründetem moralischen Gewicht nach draußen tragen. *The American Way of Life* ist, was eher oberflächliche Verhaltensmuster anbelangt, weit vorgedrungen. Eine Begleitung durch Werte wie »Global American Ethics« hätte die USA im Ausland noch glaubhafter erscheinen lassen als die verkürzte Botschaft des amerikanischen Wertegerüstes mit seinem Ursprung im amerikanischen Individualismus und Materialismus. Trotz der dankenswerten weltweiten Polizistenfunktion fehlt es jedoch am global umsetzbaren Werteexport – aus welchen Gründen auch immer.

2. Spanien

Mit Spanien verhält es sich ganz anders. »La conquista« (die Eroberung) Amerikas und die folgende langjährige Abhängigkeit von der

»Tierra Madre« nötigt vielen spanischsprechenden Staaten bis heute noch »Ehrfurcht« ab.

Über Jahrhunderte war die mit den spanischen nationalen Interessen im Einklang stehende spanische katholische Kirche *das* Wertebarometer für Spanien und die früher von Spanien eroberten Länder. Die Gesellschaften in Transozeanien versuchten, sich ähnlich rigide Strukturen und Werte zu geben, wie dies Spanien vorgab. Felipe Gonzalez (den ich in anderen Bereichen eher kritisch sehe) war der erste durch und durch glaubwürdige Werte- und, was Demokratie anbelangt, Ethosbotschafter Spaniens in diesem Jahrhundert.

Allerdings: Das Ethikkostüm Spaniens war, wie allgemein bekannt, auch zur Zeit Felipe Gonzalez' ramponiert. Insofern ist Felipe Gonzalez am Auseinanderklaffen von Anspruch und Wirklichkeit gescheitert.

Deutsche global agierende Unternehmen erkennen zunehmend, daß ethische Grundwerte nicht nur eine sich aus ihrem globalen Tätigsein ergebende Notwendigkeit, sondern eine große Chance für das eigene Unternehmen sind.

Insbesondere im süddeutschen Raum waren und sind Grundprinzipien mit bis heute noch gültiger Ausprägung festzustellen, deren Ursprung und Pflege dem religiösen – oft sogar dem pietistischen – Denken zugeordnet werden. Schon hieraus ergibt sich die Schwierigkeit der globalen Vermittlung, wenn auch viele der US-Wertevorstellungen ebenfalls genau aus diesem Bereich stammen.

Des weiteren (und Robert Bosch ist eines von nicht wenigen Beispielen) prägten bedeutende Gründer von Unternehmen und deren Nachfolger hochrespektable Wertegerüste, die den Unternehmen durch viele Anfechtungen in verschiedenen Ländern und Situationen hindurch geholfen haben.

Die inneren Werte einer Firmengruppe glaubhaft zu formulieren und zu vermitteln, ist eine der Herausforderungen dieser Zeit. Mit globaler Ethik, globalem Ethos, läßt sich ein guter, glaubwürdiger und weitgehend global gültiger erster Ansatz finden. Gerade deutsche Unternehmen können vieles aus der Vergangenheit abstreifen und sich – ohne mühsames Abtasten, inwieweit wohlverstandene deutsche Werte internationale Resistenz haben – an die Spitze des eher unpolitischen, dafür aber um so moralischeren Kreuzzuges stellen.

Spanien hat schwierige Zeiten hinter sich. Die Tatsache, daß hohe Militärs, Politiker, Bankvorstandsvorsitzende und gar der ehemalige Chef der Guardia Civil hinter Gittern sitzen und laufend im Baskenland und außerhalb unschuldige Menschen aus politischen Motiven von den ETA-Terroristen ermordet oder verstümmelt werden, läßt viele Menschen und Medien darüber nachdenken, was denn nun eigentlich an Werten noch verblieben ist.

Spanien hat sich über alle Schwierigkeiten hinweg »Codices Culturales« – Verhaltenscodices – einzelner gesellschaftlicher Gruppen (Familien, Berufsstände wie Anwälte, Ärzte usw., sowie z.B. regionale Gruppierungen) gerettet, die auf einen Neuanfang, ja auf eine globale Ausstrahlung, hoffen lassen, und zwar auch wieder hinein in die spanischsprechenden Länder Amerikas. Allerdings: Ein spanisches globales Ethos wird seine Kraft nur in diesem Sprachraum entfalten können. Die spanische katholische Kirche wird – so meine ich – in normalen Zeiten kaum mehr auf alte Positionen der Gestaltung und der Vermittlung eigener ethischer und religiöser Grundwerte zurückkehren können. Überhaupt muß man sagen, daß die katholische Kirche gerade auch im ibero-amerikanischen Raum als Ethos eine hauptsächlich sexualsittliche Vorgabe beinhaltet und ansonsten die Möglichkeit der anschließenden Beichte einen breiten, oder besser *zu* breiten, Raum der Wertetoleranz geboten hat und noch bietet.

3. USA und Europa

Europa und insbesondere dessen protestantisches, zum Teil fast pietistisches Gedankengut sind die Basis des amerikanischen ethischen Verständnisses. Das Grundverständnis hat Gemeinsamkeiten, aber in der Ausprägung gibt es große Unterschiede zu Europa. Des weiteren spielt hier auch eine gewisse Rolle, aus welchem Lager der jeweilige US-Präsident kommt.

Ethische Grundsätze werden in den USA häufig in Unternehmen und Berufsvereinigungen kodifiziert, in der Form von geschriebenen »Codes of Ethics«. In den Business und Law Schools wird »Business Ethics« als Pflichtvorlesung angeboten. Gleiches findet man in Europa selten.

Historisch betrachtet führte die Liberalität, das Laissez-faire, im wirtschaftlichen Handeln in den USA zu einem gewissen Vergessen der ethischen Spielregeln und zu Wildwuchs. Darauf folgte 1987 nach der Aufdeckung spektakulären Fehlverhaltens die Einführung eines Bundesgesetzes, das in Wirtschaftsstrafverfahren große Strafreduzierungen vorsieht, sofern das Unternehmen seine Mitarbeiter über »Code of Conducts« zu ethisch einwandfreiem Verhalten angehalten hat. Die Tatsache, daß über richtiges ethisches Verhalten in den USA häufiger und intensiver gesprochen wird, besagt daher nicht, daß die USA einen stärker ethisch geprägten Geschäftsansatz verfolgen, sondern eher, daß die Unternehmen sich absichern, um einer härteren Bestrafung, Angriffen oder anderen Nachteilen zu entgehen.

Festzuhalten bleibt, daß die multikulturelle Gesellschaft der USA sich immer stärker auf die traditionellen Werte der europäisch-christlichen (teils sogar pietistisch-calvinistischen) Ansätze besinnt, weil es keine gemeinsame Weiterentwicklung der ethischen Normen in den USA gegeben hat.

Nur: Diese Wertevorstellungen werden nicht mehr mit ihrem teilweise religiösen Ursprung öffentlich in Verbindung gebracht.

Die Entwicklung in einzelnen Bereichen der amerikanischen Gesellschaft unterscheidet sich andererseits recht stark vom europäischen Verständnis: Klagen auf Einhaltung der Ethiknormen sind häufig; »Political Correct Speach« wird verlangt und gelebt; »sexuelle Integrität«, insbesondere am Arbeitsplatz – »Harassment Policy« –, wird deutlich stärker beachtet als in Europa, und der Schutz von Minderheiten hat eine wesentlich größere Bedeutung.

In Summe sind die USA meiner Meinung nach gespalten: Auf der einen Seite extremer Individualismus, auf der anderen allerstrengste und täglich präsente nationale Diskriminierungsverbote mit gewissen

Überzeichnungen. Diese Überzeichnungen gelangen bisher meines Wissens nur im Umfeld amerikanischer »Expatriates« ins Ausland. Die internen Regeln der US-Firmen sind keine »Global Ethics« im eigentlichen Sinne, sondern »International Corporate Ethics«, wenn auch manches bei international praktikablerer Darbietung durchaus in erstrebenswerte »Global Ethics« einfließen und noch mehr auf die Gesellschaften der entsprechenden Länder wirken könnte.

Nur: Wenn der Shareholder Value oder die Quartalsergebnisse nicht stimmen, wird der Ton auch bei den US-Firmen – »Global« oder »Corporate Ethics« hin oder her – schnell rauh. Und rauh heißt nicht, daß nur der global für das Unternehmen tätige Manager, sondern die Belegschaft insgesamt zumindest in ein Gefühl der Verunsicherung versetzt wird ob der Nachhaltigkeit des Teils der »Ethics«, die den persönlichen Umgang miteinander berühren.

Bei soviel grundsätzlicher Übereinstimmung in den Wertvorstellungen und der amerikanischen Vormachtstellung im internationalen Geschäftsverkehr (Englisch als »Lingua franca«; globaler Anspruch der USA auf Durchsetzung der eigenen Regeln) sei noch einmal die Frage gestellt, ob es amerikanisch geprägte, weltweit anerkannte ethische Normen gibt.

Aus meiner Beobachtung sind die US-Firmen vorsichtig, die Feinheiten ihres Ethikverständnisses in andere Kulturen zu übertragen.

Es ist eine Mischung in den USA selbst, die hier wohl hinderlich ist: Der selbstverständliche und alles überlagernde Bezug des US-Bürgers zum (*selbst*verdienten) Geld als Gradmesser und Aushängeschild eigenen Könnens stößt an vielen Stellen auf der Welt, wo noch entweder alte oder »gute« Traditionen gelebt werden, auf Kommunikationsprobleme. Das heißt im Klartext: Der Einstieg in ein gemeinsames Wertegerüst ist schon deswegen schwierig.

Oft fällt es in den USA schwer, Marketing vom rechten langfristigen ethischen Anliegen zu trennen.

Der amerikanische Manager ist noch zu wenig international im Sinne des Sprechens fremder Sprachen und des Verstehens fremder Kulturen. So fällt es ihm schwer, nationale oder »Corporate Ethics« als nicht nur gültige, sondern auch auf fremder Scholle gelebtes moralisches Prinzip zu vermitteln.

»Global Ethics« ist kein Regierungsprogramm. Das ist echte persönliche Wertevermittlung und persönliches Vorleben in unserem Falle durch unsere Unternehmen, durch diejenigen, die unsere Unternehmen vertreten, also durch unsere Mitarbeiter und uns selbst. Hieraus mit den USA und mit Ländern wie Deutschland und Spanien eine globale Bewegung anzustoßen, ist schwierig. Sollten wieder wirtschaftlich weniger prosperierende Zeiten auf uns zukommen, wird der Grad dieser Schwierigkeit noch größer.

Aktionen, wie die der Stiftungsinitiative der deutschen Wirtschaft »Erinnerung, Verantwortung und Zukunft« zeigen, daß es nicht nur darum geht, »Arbeit« in etwas hineinzustecken, sondern auch das Risiko besonderer Kritik einzugehen: Wer mit seinem Unternehmen an vorderster Front »Global Ethics« einzufordern und durch eigenes Vorleben zu kommunizieren und einzuführen versucht, läuft Gefahr, besonders kritischen Maßstäben unterworfen zu werden. Also: Die Vorreiterrolle ist kein reiner »Social Act«. Hier folgt oft die öffentliche, die internationale Kritik auf dem Fuße. Allerdings: So klare Werte wie der bei Bosch unumstößlich weltweit geübten Legalität akzeptiert jedermann in unserer Gruppe in jedem Land.

Ein glaubhafter Ansatz ist bei uns: Langfristig vorgelebte »Global Ethics«, globale Werte durch herausragende Bezugspersonen und die laufende aktive Bestätigung durch »Jüngere«. Dies dient auch der internationalen zeitgerechten Vermittlung und Glaubwürdigkeit. Lokale Gegebenheiten können dann auch besser einbezogen werden.

Es ist Orientierung sowie Vorleben und nicht nur Vorgabe gefragt. Wenn ich unsere Aufgabe der Verbreitung des globalen Ethos betrachte, denke ich:

- Unsere Mitarbeiter und viele andere Menschen halten nach leitenden und glaubwürdigen Persönlichkeiten Ausschau.
- Noch nie konnte so global und schnell kommuniziert werden.

Das sind schon mal gute Voraussetzungen.

Der Weltethos-Gedanke bietet einen gültigen Ansatzpunkt, da er aus dem von mir dargestellten Dilemma einen Ausweg vertritt, der für alle – religiös und säkular – akzeptabel und auch interkulturell konsensfähig ist. Nun aber konkret: Wie setzt man seine Bemühungen fort? Wir alle suchen in den Unternehmen nach Werten. Sie zu finden und zu formulieren ist nicht das Problem. Das Vorleben, der glaubwürdige Transport quer durch alle Stationen und Instanzen, das ständige Wachhalten, wie es einem Ethos gebührt, ist gefragt. Altbundeskanzler Schmidt bezog sich auf den verstorbenen Ehrenvorsitzenden der Bosch-Gruppe Hans L. Merkle mit dessen Ausspruch: »Es gibt Dinge, die tut man einfach nicht«.

Wir sollten von hier nicht ohne den Vorsatz weggehen, andere, nämlich die guten Dinge wirklich zu tun oder noch mehr zu tun.

Erfahrungen aus Japan

Berthold Leibinger

Inhalt

1. Hinführung

In zwölf Minuten etwas über Japan auszusagen, was dieses Land umschreibt, ist ein schwieriges Unterfangen. Japan ist:
- ein vielschichtiges Land mit einer alten Kultur und
- einer großen Tradition,
- mit einer kontroversen Vergangenheit und
- einem beispiellosen Wirtschaftsaufschwung nach dem Zweiten Weltkrieg, der das Land zur zweitgrößten Wirtschaftsmacht dieser Welt machte,
- mit komplexen gesellschaftlichen Strukturen und Bezügen,
- mit einer nunmehr zehn Jahre dauernden Rezession, für die man – mindestens in Japan – keine rechte Erklärung hat.

Dies alles in zwölf Minuten anzusprechen und dabei noch etwas »auszusagen«, ist unmöglich. Ich möchte einige Anmerkungen zu Japan machen, zu seiner Gesellschaft, zum Umgang miteinander, zu seinem geschichtlichen Hintergrund – vor allem zu meinen Erfahrungen dort und damit Anregungen zum Gespräch geben. Mehr nicht.

Einen Blick möchte ich auch werfen auf Japan und seine Wirkung im asiatischen Umfeld. Wie sieht man in Asien Japan? Als wirtschaftliche Führungsmacht, als Vorbild oder als Außenseiter?

Erlauben Sie mir zuerst, meinen Erfahrungshorizont in Japan etwas auszuleuchten. Ich war in den letzten Jahrzehnten oft in Japan, zwischen 70 und 80 Mal insgesamt. Zum ersten Mal vor 38 Jahren. Seither jedes Jahr mindestens einmal, meistens geschäftlich.

Ich konnte also Japan und die Japaner eine ganze Generation lang beobachten und dabei die Veränderungen in der Gesellschaft registrieren.

Mein Unternehmen stellt Investitionsgüter her, Werkzeugmaschinen und Laser. Japan ist ein wichtiger Markt, und unsere wichtigsten Konkurrenten sind dort zu Hause. Unsere Marktstellung in Japan beruht darauf, daß wir bei bestimmten Produkten technisch Weltmarktführer sind. Dies gilt für bestimmte Werkzeugmaschinen für die Blechbearbeitung und vor allem für die von uns hergestellten Laser für die Fertigungstechnik.

Dann war ich wiederholt als Entourage von baden-württembergischen Ministerpräsidenten oder auch etlichen Bundesministern in Japan. Ich habe viele Messen und einige hundert Fabriken besucht und viele Wissenschaftseinrichtungen besichtigt. Somit habe ich, soziologisch gesehen, ein ganz breites Spektrum von Gesprächspartnern gehabt: von Arbeitern an unseren Maschinen bis hin zu Politikern und Wissenschaftlern in höchsten Positionen.

Mein Vater war Kunsthändler für Ostasiatica. Ich bin mit japanischen Lacken, Holzschnitten und mit japanischem Porzellan aufgewachsen, und ich bin – ich sage dies mit Nachdruck – ein großer Bewunderer der japanischen Kunst; auch der Architektur und der Gärten – ich bin jemand, der dieses Land und seine Menschen liebt.

2. Beobachtungen

1. *Japan und Deutschland teilen eine historische Situation.* Beide haben im Zweiten Weltkrieg eine verheerende Niederlage erlitten. In beiden Fällen war das Land zerstört. In beiden Fällen wurden von den Siegern die überkommenen Wertmaßstäbe und Maximen in Frage gestellt, und in beiden Fällen wurde der völlige Bruch mit der Vergangenheit verlangt. Gemeinsam war auch, daß beide Länder in völliger Selbstüberschätzung die Kriege begonnen hatten.

2. Die Umerziehung, die *Umwertung aller Werte* ist in Deutschland nachhaltiger gelungen als in Japan. Japan befindet sich bis zum heutigen Tag in der Situation, die man in Deutschland inzwischen meist hochkritisch als »Adenauer-Ära« bezeichnet.

Deutschland hat sich (übrigens auch schon in der Adenauer-Ära) mit seiner Vergangenheit befaßt und versucht, das begangene Unrecht wenigstens materiell wiedergutzumachen. Dies reicht bis in die Bemühungen unserer Tage hinein.

Wir haben unsere Schuld gesehen und versucht, auch in unserer Gesellschaft die Veränderungen durchzusetzen, die wir für notwendig hielten. Dazu kam das große Bemühen um die Integration mit unseren Nachbarn, der Versuch des Ausgleichs auch dort, wo er für uns außerordentlich schmerzlich war (Oder-Neiße-Grenze). Deutschland ist heute ein offener Teil Europas.

Japan hat seine Kriegsschuld nie wirklich anerkannt. Es gab und gibt auch keine ernsthafte Bemühung, sich im asiatischen Umfeld zu integrieren. Man sieht sich in einer besonderen Situation, und Abgrenzung wird eher praktiziert als Annäherung.

Als Reaktion darauf wird Japan in der Region zwar durchaus respektiert, aber nie als Bruderstaat in Asien gesehen. Die wirtschaftliche Leistung Japans wird anerkannt, wobei den Asiaten das Beispiel, daß man aus bescheidenen Anfängen in einer oder zwei Generationen zur wirtschaftlichen Dominanz gelangen kann, durchaus imponiert. Aber geliebt werden die Japaner selten.

3. Bei der Beurteilung der japanischen Traditionen muß man berücksichtigen, daß Japan nie ein Durchgangsland war. Die *insulare Prägung* der japanischen Gesellschaft ist unverkennbar. Ab und zu öffnet sich das Land und schluckt wie ein Tintenfisch eine fremde, von außen kommende Kultur, verdaut, absorbiert und verändert sie dabei. Das geschah z.B. vor 1.000 Jahren mit der chinesischen Kultur – die Schrift stammt von dort – und dann wieder, einigermaßen erzwungen, im 19. und 20. Jahrhundert mit der westlichen Zivilisation und Technik.

Vor der von den Amerikanern erzwungenen Öffnung Ende der 60er Jahre des 19. Jahrhunderts war Japan 250 Jahre von der Außenwelt fast völlig abgeschlossen; beherrscht von einer feudalen Oberschicht mit streng diktatorischen Prinzipien.

Die Auswirkungen in der Kommunikation innerhalb der Gesellschaft sind bis heute prägend.

Das Land war so reglementiert, die Verhaltensvorschriften so stringent, daß man vielfach »wortlos« kommunizieren konnte. Es gibt das No-Theater, eine Art Mysterienspiel, eine Schauspielform, bei der kaum gesprochen wird. Jeder weiß in jeder Situation ohnehin, was er zu tun und zu lassen hat. Deshalb kann man sich mit Gesten begnügen.

4. Diese *gesellschaftlichen Strukturen und Prägungen verändern sich nur sehr langsam*. Im Jahr 1896 hat der erste bedeutende Japanologe B. H. Chamberlain ein Buch über Japan und die Japaner geschrieben, das er »Things Japanese« nannte.

Chamberlain beschreibt in der Form einer Enzyklopädie alles, oder wenigstens vieles, was ihm in Japan bemerkenswert schien. Die »Öffnung« Japans nach 250 Jahren Abgeschlossenheit lag damals gerade 30 Jahre zurück. B. H. Chamberlain schreibt zum Beispiel über die japanische Frau sinngemäß folgendes:

Sie sei das Beste, was Japan zu bieten habe: liebenswürdig und bescheiden, anmutig, unermüdlich fleißig und duldsam. Aber sie sei hoffnungslos unterdrückt und spiele in der Gesellschaft eine Rolle, die weit unter ihrem Wert liege. Dieses aber, so B. H. Chamberlain, werde sich schnell ändern, denn die jungen Japanerinnen hätten jetzt Zugang zu (westlichen) Bildungseinrichtungen und aufgrund ihrer Intelligenz würden sie schnell in der Gesellschaft den Platz beanspruchen, der ihnen zukomme.

1984, mehr als 80 Jahre nach dem Erscheinen des Buches von B. H. Chamberlain, hat die deutsche Wirtschaft in Japan eine Leistungsschau durchgeführt. Im Vorfeld schickte »Die Zeit« einige Redakteure nach Japan, um das Land zu ergründen. Die Redakteurin Dr. Nina

Grunenberg schrieb einen großen Artikel über die Stellung der japanischen Frau und wiederholte fast wortgleich die Äußerungen von B. H. Chamberlain – wohl ohne von ihm zu wissen.

Ich wollte an diesem Beispiel zeigen, wie langsam sich Dinge in Japan verändern.

5. In den letzten zehn Jahren glaube ich eine *Beschleunigung des Veränderungsprozesses* festgestellt zu haben. Die Japanerinnen (und auch die jungen Männer) bewegen sich freier und ungezwungener. Sie wagen, in Unterhaltungen einzugreifen, die immer noch von den Älteren dominiert werden. Sie zeigen eine neue Art Selbstbewußtsein, das sich zum Beispiel äußerlich auch darin ausdrückt, daß sich viele die (immer schwarzen) Haare rot färben.

Meiner Meinung nach hat hier in erster Linie das über Satelliten vielkanalig empfangbare Fernsehen das Bild einer Welt, die so ganz anders ist, in das japanische Wohnzimmer hineingetragen und somit eine nachhaltige Wirkung erzeugt.

Ganz offensichtlich vermitteln die Fernsehgeschichten das Leben in einer anderen Welt und übertragen Maximen, Vorstellungen und auch Leitbilder in eine Gesellschaft, die immer noch durch Geographie und Sprache im wesentlichen vom Rest der Welt abgeschlossen ist.

6. Das *Leben in der Gruppe*, die Akzeptanz der Umgebung (in beiden Richtungen) spielt immer noch eine große Rolle. Man sagt, daß die »feindliche« Umgebung – Erdbeben, Taifune, Überschwemmungen – die Menschen dazu gebracht hat, zu verstehen, daß sie aufeinander angewiesen sind.

Die Zustimmung der Gruppe bei geschäftlichen Entscheidungen ist unverändert wichtig. Oft sitzt man bei Verhandlungen einer großen Zahl von – teilweise scheinbar unbeteiligten – Personen gegenüber. Spontane Entscheidungen werden selten getroffen. Die Sprecher müssen entweder vor oder nach der Verhandlung den Konsens in der Gruppe herstellen. Querdenker innerhalb des eigenen Lagers werden als Störenfriede empfunden. Es gehört sich nicht, anders zu sein. Individualität und Kreativität sind keine ursprünglichen gesellschaftlichen Ziele.

7. Die Japaner sind ein fleißiges Volk. Bescheiden und höflich, eifrig und hilfsbereit – wenn man sie auf seiner Seite hat. Im Krieg sind sie hart und grausam. Und diesen Zug übertragen sie auch auf das Wirtschaftsleben. Der *Konkurrent ist der Feind*, man sieht in ihm kein Stimulans im Markt. Ihm wird deshalb auch kein Platz im Wettbewerb zugebilligt. Strategien bei der Einführung neuer Produkte werden häufig so ausgelegt, daß 100 Prozent Marktanteil angestrebt werden. Das Wettbewerbsverhalten ist dann entsprechend.

8. Im Umgang mit Geschäftsfreunden sucht man die *Übereinstimmung*. Vertrauen zu gewinnen und zu rechtfertigen ist ein wichtiges Ziel. Diese Übereinstimmung wird durch Begegnungen außerhalb der geschäftlichen Gespräche gesucht. Beim Essen, durch Austausch von Geschenken, durch jede Art geselligen Umgangs. Dies ist ein ganz wichtiger Teil des geschäftlichen Lebens. Zeit und Offenheit dafür muß man nach Japan mitbringen.

Die Höflichkeitsformen sind subtiler als bei uns. Man bringt einen Partner nicht in die Situation, »Nein« sagen zu müssen. Ablehnung wird anders vermittelt. Zum Beispiel durch Übergehen oder Vertagen des unerwünschten Verhandlungspunkts.

9. Japaner haben eine schwache religiöse Bindung. Trotz tausender Tempel und Schreine im Land. Es gibt *tradierte Normen und Vorstellungen*, vielfach konfuzianischen Ursprungs, die festlegen, wie man sich verhält, aber kein »christliches Menschenbild« in unserem Sinne, nach dem man sich orientiert. Auch kein buddhistisches oder shintoistisches. Man strebt nach Harmonie, Zustimmung durch die Gruppe, Schutz der Familie, aber alles im pragmatischen Sinn. Ideologie hat in der Enge des Landes keinen Platz – man muß einfach miteinander zurechtkommen. Das ist die wichtigste aller Eigenschaften.

Japan wird auch keine originären Vorschläge zu einem Weltethos bringen – aber einem solchen folgen, wenn es sich mit den Notwendigkeiten des japanischen Lebens in Übereinstimmung bringen läßt.

Erfahrungen eines Staatsmannes

Helmut Schmidt

Inhalt

Lassen Sie mich ein paar ungeschützte Anmerkungen zu einigen der hier gefallenen Stichworte machen – quasi als »Advocatus Diaboli«.

1. Zum Wort »Sustainable Global Development«

Mir scheint, daß bisher globales Ethos stillschweigend mit »Sustainable Global Development« gleichgesetzt wird. Aufgrund der Bevölkerungsexplosion ist jedoch die Annahme des letzteren irreal – zumindest für Afrika, Teile Asiens und Teile Lateinamerikas. Der Raum, der für die Weltbevölkerung pro Kopf zur Verfügung steht, hat sich seit 1945 auf die Hälfte, seit Jesu Geburt auf etwa 3 Prozent reduziert. Allein im 20. Jahrhundert hat sich eine Bevölkerungsexplosion ereignet, welche zur Vervierfachung der Menschheit geführt hat. 1918, im Jahr meiner Geburt, gab es weniger als zwei Milliarden Menschen, jetzt sind es mehr als sechs Milliarden. Nicht zuletzt ist dies auch ein Ergebnis der Überstülpung westlicher Entwicklungshilfe und westlicher Technologien auf die Entwicklungsländer.

Nun möchten die westlichen Industriestaaten der Ersten Welt den Entwicklungsländern auch westliche Ethik und Moral beibringen. Mir ist die Rechtfertigung dafür ziemlich zweifelhaft. Jedenfalls braucht Moral Vorbild und Führung. Die praktische Einübung muß über Generationen stattfinden, vor allem mit Lob, bisweilen auch mit Sanktion. Moral faßt nur Fuß, wo Moral vorgelebt wird. Dazu sind Menschen und Institutionen notwendig.

2. Zu den Entwicklungs- und »Kunststaaten«

Von den 200 Ländern dieser Erde sind mindestens 150 als Entwicklungsländer zu bezeichnen, die meisten dieser Staaten sind nicht historisch gewachsen, sie sind zumeist Hinterlassenschaften künstlicher Grenzen durch die ehemaligen Kolonialmächte. Es gibt aber weltweit etwa 2.000 Ethnien (gleich 2.000 Völker). Auf der anderen Seite gibt es große historische Religionen. In Ostasien ist der 2.500 Jahre alte Konfuzianismus weitgehend moralische Richtschnur (die chinesische KP ist in Wirklichkeit eine »konfuzianische« Partei, auch wenn sie das selbst nicht weiß). Die Religionen haben grenzübergreifend die Regeln gesetzt. Später kamen die Kolonialstaaten, die Menschen und Ländern ihre Regeln oktroyiert haben. Seit 1945 existieren vielfach willkürlich gezogene Grenzen, ohne Rücksicht auf Religion und ethnische Zugehörigkeit.

Wer im Ernst glaubt, daß in diesen von den Kolonialmächten in »die Freiheit entlassenen« Staaten Kulturen, die sich seit 1.000 Jahren bekämpft haben, friedlich zusammenleben werden, der muß Amerikaner sein. Beispiele solcher Kunststaaten sind z.B. der Kongo, Nigeria, Indien oder Indonesien. Auf die von ihnen hinterlassenen Kunststaaten haben die ehemaligen Kolonialmächte (Spanien, Portugal, England, Frankreich, Holland, Belgien) und die Weltgemeinschaft (UNO) zuletzt die Marktwirtschaft gesetzt. Marktwirtschaft soll gleichbedeutend mit Demokratie sein. Der einzige Kunststaat indes, in dem die Demokratie einigermaßen funktionsfähig ist, ist Indien, dies dank den Engländern. In den anderen Ländern ist es weitgehend unwahrscheinlich, daß sich eine effiziente staatliche Rahmengebung durchsetzen wird – außer einer Diktatur (Wenn man Glück hat, ist es ein aufgeklärter Diktator). Tito beispielsweise hat den heterogenen

Kunststaat Jugoslawien mit Intelligenz und durch schiere Gewalt zusammengehalten.

»Sustainable Development« erscheint mir unwahrscheinlich. Viele Kunststaaten werden früher oder später auseinanderfallen – sehen wir auf Tschetschenien, Kroatien, Bosnien, die Slowakei, das Baskenland, ja selbst auf die Inuit. Es ist realistisch, davon auszugehen, daß die bewaffneten Konflikte weitergehen werden, weil die Bevölkerungsexplosion so weitergehen wird. Keine Weltkonflikte, sondern lokale Konflikte. Allein der afrikanische Kontinent hat in den letzten 50 Jahren mindestens 30 Kriege und bewaffnete Konflikte erlebt. Sie haben über viele Millionen Tote gefordert und zu ungezählten Millionen von Flüchtlingen geführt.

3. Zur unternehmerischen Moral

Auch wenn ich nicht mit einer organischen Entwicklung der Welt rechne, so darf ich als Bürger dieses Landes gleichwohl den *Anspruch an die deutschen Unternehmen erheben, sich moralisch zu verhalten.* Es bleibt die Frage: Was ist Moral? Auch wenn mit Moral in finanzieller Hinsicht nicht zwangsläufig Glück verbunden ist, so will ich doch Mahatma Gandhi zitieren: »Geschäft ohne Moral« ist eine der »sieben sozialen Sünden der Menschheit«. Oder wie Hans Merkle es einmal gesagt hat: »Es gibt Dinge, die tut man einfach nicht.«

4. Zu Japan

In der japanischen Geschichte gab es zwei gewaltige Brüche. Zuerst die »Meiji-Restauration«, die alles andere war als eine Restauration; vielmehr war sie in den 60er Jahren des 19. Jahrhunderts eine erstmalige Öffnung für europäisch-westliche Zivilisation und deren Techniken. 1945 dann eine fast totale Auslieferung Japans an die USA. Möglicherweise steht als Folge der gegenwärtigen Strukturwirtschaftskrise ein dritter Bruch bevor. Der Zusammenbruch der Grundstücks- und Aktienmärkte und die Folgen der »Bubble Economy« haben die Krise der Bürokratie offenbart. Bis weit in die 80er Jahre haben das Finanzministerium und das MITI (Ministry for International Trade and Industry) das Sagen in Japan gehabt. Die LDP (Liberaldemokratische Partei) hat fast 60 Jahre lang das Land regiert – im wesentlichen wurde diese Zeit genutzt, um Geld für sich selbst zu sammeln. In Japan haben aber heute sowohl die Banken als auch die Politiker das Vertrauen der Bevölkerung verloren. Nur als Beispiel: Die gesamten Konjunkturprogramme, um Japan aus der Krise zu holen, haben nichts bewirkt.

Herr Leibinger hat mit Recht auf den Fleiß und die Disziplin der Japaner hingewiesen. Aber eine zufällig ausgelöste Massenpsychose und in ihrem Gefolge eine politisch-moralische Katastrophe ist bei einer verschärften Wirtschaftskrise in Japan nicht ausgeschlossen. Japan ist in Asien durch seine eigene Regierung und die eigenen Medien gegen alle Nachbarvölker isoliert; im Zweiten Weltkrieg wurden hunderttausende vietnamesische, koreanische und chinesische Frauen zur Prostitution gezwungen, ohne daß die Medien oder der Staat dies bis heute eingestehen. Solange dies alles so bleibt, wird Japan keine Freunde gewinnen.

Die Angst der Japaner beruht auf einem sorgfältig verborgenen kulturellen wie politischen Inferioritätskomplex gegenüber China. Die Kultur ist zu wesentlichen Teilen aus China übernommen worden (Schrift, Architektur, Kunst, Gartenbau etc.). Ich habe vor kurzem ein Gespräch mit einem japanischen Minister geführt und die jüngste japanische Sicherheitspolitik dahingehend kritisiert, daß sie die Chinesen herausfordern müsse. Er hat höflich zugehört und mir zu verstehen gegeben, daß er das nicht so sehe und sich an der Politik nichts ändern würde angesichts der rasanten wie ebenso »bedrohlichen« Entwicklung Chinas. Als ich ihn dann fragte, wann zuletzt ein chinesischer Soldat auf Befehl seines Kaisers japanischen Boden betreten hätte – nämlich nie! – und wann zuletzt ein japanischer Soldat auf Befehl seines Kaisers chinesischen Boden betreten hätte, gab er mir zur Antwort: »You have won.« Und trotzdem blieb der Minister bei seiner Auffassung, daß Japan durch China militärisch bedroht sei.

5. Zu China

In spätestens 30 Jahren wird es drei wichtige Währungen in der Welt geben: den US-Dollar, den Euro sowie den chinesischen Yuan (Renminbi), der den japanischen Yen als Handels- und Reservewährung überholen wird. China wächst ökonomisch und ist »jung« im Vergleich zur Bevölkerungsstruktur Japans. Japan schrumpft und ist – wie Deutschland – überaltert. Den Chinesen geht es heute materiell so gut wie noch nie zuvor. »Menschenrechte« im westlichen Sinn haben in China nie existiert. Heute ahmen viele Chinesen den »American Way of Life« nach, während sie andererseits auf die USA herabsehen. Die heutige chinesische Regierung ist besser als alle Regierungen seit 1945. Die moderne Entwicklung ist innerhalb von 20 Jahren vonstatten gegangen; ein Viertel der Gesamtbevölkerung entlang der Küsten erlebt einen strukturellen Aufschwung.

Rußland hat die Notwendigkeit begriffen, mit China Frieden zu halten. China selbst hat nie Eroberungen gemacht. Aber eines ist in China von entscheidender Bedeutung: Es geht darum, das »Gesicht zu wahren«. Die USA verstehen dies nicht – besonders in bezug auf Taiwan ist das gefährlich. Ich halte einen »kalten Krieg« zwischen China und den USA leider nicht für ausgeschlossen.

Jeder asiatische Politiker sieht in China heute eine Weltmacht. Dies gilt nicht nur für die Politik, sondern auch für die Ökonomie (siehe Wachstum des Bruttosozialprodukts). Wenn es kein Unglück gibt, wird der Export Chinas in wenigen Jahrzehnten größer sein als derjenige der EU oder der USA.

Gleichzeitig gibt die chinesische Führung im privaten Gespräch offen zu, daß sie heute für das Land keine zukunftsweisende geistige Grundausrichtung bietet. Die Ideologie des Kommunismus ist schon lange zur Fassade geworden. Eine für ganz China geltende und wertsetzende Religion existiert nicht. Benötigt wird also so etwas wie eine einheitliche »Lehre« für das Riesenreich mit seinen enormen sozialen und politischen Herausforderungen. Eine Hoffnung sieht man in Peking in dem, was man dort Modernisierung der »spiritual civilisation« nennt. Junge intellektuelle Chinesen sprechen nicht von Menschenrechten, sondern von Demokratie und Konfuzianismus. Wie beides allerdings zusammenpassen soll, bleibt unklar. Die geistige Zukunft der nächsten 50 Jahre ist nicht vorhersehbar.

Globale ethische Standards für globales Wirtschaften

Themen der Baden-Badener Diskussion

Indira Gurbaxani, Johannes Frühbauer

Inhalt

Vorbemerkung

Das Grundkonzept des Symposions sah vor, daß grundsätzlich jeder der rund 30 Teilnehmer sich jederzeit in die Diskussion einbringen konnte, sich jedoch an einer der insgesamt *drei Diskussionsrunden* als Hauptgesprächspartner beteiligte. Somit befanden sich jeweils zehn Hauptgesprächspartner am Runden Tisch, die weiteren jeweils in einem äußeren Kreis. Konzentrierte sich die Diskussion im Anschluß an die Referate zunächst stets auf den Runden Tisch, so kamen danach jeweils auch die anderen Teilnehmenden zu Wort.

Es liegt gewissermaßen in der Natur der Sache wie auch am Erfahrungsreichtum der illustren Gruppe, daß die drei Diskussionsrunden inhaltlich sehr facettenreich waren. Der nachfolgende Bericht versucht, das weite Themenspektrum der Diskussionen wiederzugeben. Es handelt sich somit nicht um eine chronologische Dokumentation des Gesprächsverlaufes, sondern um eine systematische Darstellung, gegliedert nach thematischen Schwerpunkten. Vorrangiges Ziel ist es, einen *Einblick in die Themen, Positionen und Argumente* zu geben. Die Diskussion nahezu wortgetreu in einem Protokoll wiedergeben zu wollen, wäre ein schwieriges Unterfangen gewesen: Zu gebündelt war der Sachverstand der Teilnehmer, zu lebhaft der Austausch, zu sprunghaft zuweilen die Beiträge; gewiß auch eine Zumutung für den Leser.

Schroffe Gegensätze der Sichtweisen waren durchaus gegeben. Mit entsprechend argumentativer Härte wurden die Positionen ausgetauscht. Heftige Auseinandersetzungen gab es mitunter um die Stimme, die ein Verbot des Wortes »Ethik« im eigenen Unternehmen bekundete. Oder: Äußerst umstritten war die Einzelposition, die die Globalisierung rein positiv sah und negative Aspekte gänzlich ausblendete. Auch extreme Forderungen zur Nachhaltigkeit provozierten entsprechende Reaktionen. Harmonische Einmütigkeit stand also keineswegs auf der Tagesordnung, dafür waren die Sichtweisen in den konkreten Auseinandersetzungen zu unterschiedlich.

Die Darstellung richtet ihren Fokus zentral auf das Thema des Symposions: »Globale Unternehmen und globales Ethos«. Die Impulse durch die Hauptreferate von H. Tietmeyer und J. Strube und ihre kurzen Repliken auf die Rückfragen waren wesentlich für die Entwicklung der Diskussion. Doch es rückten verstärkt Beispiele und Erfahrungen aus den Unternehmen und die Frage nach dem Ethos in den Mittelpunkt, so daß etwa Aspekte der internationalen Finanzordnung (wie die wichtige Initiative des Stabilitätsforums) insbesondere für den Auftakt der Diskussion seine Relevanz hatte, doch im Verlauf dann eher in den Hintergrund trat.

In der ersten Runde diskutierten am Runden Tisch: M. Gentz (Moderation), P. Brabeck-Letmathe, W. Freudenberg, H. Küng, K. Leisinger, H. Sautter, J. Strube, H. Tietmeyer, J. Wieland, R. Würth.

Am zweiten Runden Tisch fanden sich: N. Kloten (Moderation), R. Freudenberg, H.-O. Henkel, H. Kormann, B. Leibinger , H. Müller, W. Rall, H. Schmidt, T. Todenhöfer, N. Walter.

Die dritte, abschließende Runde bestritten: P. Adolff (Moderation), G. Dahlmanns, F. Graf von der Groeben, U. Keller, H. Küng, K.-J. Kuschel, F.-J. Radermacher, H.P. Stihl, H. Teltschik, E.U. v. Weizsäcker.

1. »Ethik« und »Ethos« – Klärungsbedarf!

Im Verlauf des Symposions zeigte sich immer wieder die Notwendigkeit, von einem gemeinsamen Verständnis der für die Diskussion wesentlichen Grundbegriffe auszugehen. Was genau ist unter Moral zu verstehen? Was unter Ethik? Was meint Ethos? Hilfreich war daher die im Verlauf des Symposions eingebrachte Unterscheidung: *Ethos* meint die sittliche Grundhaltung des Menschen; *Ethik* läßt sich verstehen als Lehre (oder auch als System) sittlicher Haltung, Werte und Normen. Doch wurden in den Diskussionen die Termini »Ethos« und »Ethik« oft undifferenziert und häufig synonym verwendet.

Die Teilnehmer waren sich durchaus bewußt, daß die Vielfalt kultureller Traditionen und religiöser Deutungen sich in der Verschiedenheit einzelner Begriffsdefinitionen und -verständnisse widerspiegelt. Wo kein gemeinsames Verständnis vorausgesetzt werden kann, bedarf es zunächst der *Verständigung*, des »Aufeinander-Zugehens«. Gerade globale Unternehmen, die in verschiedenen Kulturen angesiedelt sind, sehen sich mit der Bedeutungsvielfalt ethischer Begriffe konfrontiert. Dasselbe Wort wie etwa »Integrität« kann in unterschiedlichen kulturellen Kontexten verschiedene Bedeutungen und Konnotationen haben.

Das Bewußtsein um diese *sprachliche und kulturelle Differenz* führte zu drei unterschiedlichen Akzentuierungen:

1. Damit Ethik überhaupt wirksam werden kann, es also eine einheitliche Auffassung über Werte und Normen gibt, bedarf es einer homogenen Gesellschaft.
2. Es kann keinesfalls um eine Vereinheitlichung von Werten und Normen, sondern nur um Verständigung über die partikularen Verhaltensweisen in einer konkreten, lokal verankerten Kultur gehen.

3. Es gibt elementare negativ formulierte Normen der Menschlichkeit wie »nicht lügen, nicht stehlen, nicht töten« und somit globale Normen. Auch Menschenrechte und Menschenpflichten sind elementare Normen und somit global gültig. Zudem gehören diese elementaren Normen in ihrer Schutzfunktion zum Grundbestand der Menschheitsgeschichte, der Verstoß gegen sie zu deren Grundtatsachen.

2. Ambivalenz der Globalisierung: Chancen und Probleme

So mannigfaltig die Beiträge zum *Stichwort Globalisierung* auch waren, so deutlich wurde dennoch eine Grundwahrnehmung: Entwicklungen im Zuge der Globalisierung können negativ wie positiv sein. Trotz des Bewußtseins dieser Ambivalenz war erkennbar, daß man sich am Positiven orientieren möchte.

Globalisierung wurde in folgenden Punkten verstanden als *Chance:*
- zur Kooperation zwischen Nationen, zwischen Unternehmen;
- zum interkulturellen Erfahrungsaustausch und -gewinn durch mehrjährige Führungsaufgaben im Ausland;
- zur interkulturellen Bereicherung in Deutschland selbst durch die Präsenz von Berufstätigen aus aller Welt;
- zur Anhebung gesundheitlicher Standards in Entwicklungsländern (exemplarisch wurde auf die enorme Senkung der Kindersterblichkeitsrate verwiesen);
- zur Anhebung des Bildungsniveaus in Ländern der sogenannten Dritten Welt, beispielsweise durch Ausbildungsplätze, aber auch durch die Finanzierung von Schulen – zur Senkung des Analphabetismus;
- zur Verbesserung von Qualitätsstandards (im Automobilsektor etwa durch die Vorgaben japanischer Produkte);
- zur weltweiten Etablierung der Marktwirtschaft;
- zur weltweiten Förderung der Demokratie als Voraussetzung für

eine funktionierende Marktwirtschaft (als Beispiel wurde insbesondere die Entwicklung in Lateinamerika angeführt).

Sollen diese Chancen wahrgenommen werden, müssen die Unternehmen freilich für die Globalisierung funktionsfähig gemacht werden.

Neben der Option für die Chancen der Globalisierung kam es auch zu ganz unterschiedlich akzentuierten *Problemanzeigen:*
- fehlender wirtschaftlich-politischer Rahmen für die Globalisierung als ein grundsätzliches Defizit;
- nicht kontrollierbare Konzentrationsprozesse: Unternehmenskonglomerate werden als Gefahr gesehen, da der einzelne keine Kontrolle und keinen Einfluß mehr hat;
- mangelnde Zukunftsverantwortung: Es darf nicht der nachkommenden Generation zur Last gemacht werden, die Fehler von heute zurechtrücken zu müssen; daher sind die Kinder von heute unser Gewissen für morgen;
- reduktives Ausbildungsverständnis: Nicht nur Fertigkeiten dürfen im Vordergrund stehen, sondern es bedarf zugleich der Bildung moralischer Grundkategorien;
- vernachlässigte Rahmenbedingungen der Marktwirtschaft: Auch ethische Vorgaben müssen zur Geltung kommen;
- berechtigte Ängste: Arbeitsplatzverlust, erzwungene Vereinheitlichung bei den Werten, Rivalität der Kulturen;
- fehlende Teilhabe: Das spezifische Problem Afrikas ist, daß die Globalisierung an diesem Kontinent vorbeigeht.

3. Grundbedingungen und Grundverständnis unternehmerischen Handelns

Einhellig favorisiert wurde die *marktwirtschaftliche Ordnung*: Schranken müssen aus dem Weg geräumt und echte Wettbewerbsbedingungen geschaffen werden. Adam Smiths »unsichtbare Hand«

muß funktionieren können. Als Akteur der Ökonomie steht dem Unternehmen ein wohlverstandenes *Eigeninteresse* zu, ein Eigeninteresse, das letztlich das unternehmerische Handeln steuert. Doch jedes Unternehmen muß für sich auch *Handlungsverpflichtungen* anerkennen. Das Ethische soll demnach im marktwirtschaftlichen Rahmen wirken, nicht zuletzt um den global agierenden Unternehmen einen »moralischen Kompaß« mitzugeben.

Grundsätzlich anerkannt wurde auch, daß für Unternehmen stets eine unmittelbare Einflußsphäre besteht, in der agiert werden kann, ohne dabei im Wettbewerb zu verlieren. Ferner teilte man offenkundig Vorbehalte gegenüber einer an kurzfristiger Gewinnmaximierung orientierten unternehmerischen Verhaltensweise. Kritisch sah man auch die als »typisch deutsch« eingestufte Mentalität, am längsten Probleme zu analysieren, aber dann zu zögern, wenn es darum geht, die entsprechenden Konsequenzen zu ziehen. Eine langwierige Erörterung von Handlungskonzeptionen darf keine Entschuldigung für ein Nichthandeln sein.

4. Herausforderungen für globale Unternehmen

Im Verlauf des Symposions stand immer wieder eine Frage im Mittelpunkt: Welche Aufgaben *können*, welche Aufgaben *sollen* globale Unternehmen in einer globalisierten Welt wahrnehmen? Die zu dieser Frage diskutierten Gesichtspunkte lassen sich als vier Herausforderungen bündeln: als ethische, als soziale, als interkulturelle und als ökologische Herausforderung.

I. Die ethische Herausforderung

Mehrfach betont wurde, daß ethisches und ökonomisches Verhalten kein Gegensatz sind. Fehlende Rahmenbedingungen lassen jedoch Unsicherheiten für und in Unternehmen entstehen. Die für Unternehmen relevanten ethischen Aspekte wurden im Prinzip für zwei Kontexte erörtert: zum einen für die Binnenstruktur der Unternehmen, zum anderen für die Außenwirkung unternehmerischen Handelns. Unternehmerische Verantwortung gilt demnach intern und extern.

(1) Die Perspektiven einer *ethischen Innenwirkung* im Bereich der unternehmerischen Binnenstruktur lassen sich auf drei Ebenen formulieren: auf der Ebene des Unternehmens, der Führungskräfte, der Mitarbeiter.

Unternehmen

Grundsätzlich betont wurde, daß jedes Unternehmen eine Unternehmenskultur ausbilden sollte, zu deren wesentlichen Merkmalen die Kommunikationsfähigkeit innerhalb des Unternehmens gehört. Aufgeworfen, aber letztlich nicht eindeutig beantwortet, wurde die Frage nach dem Verhältnis zwischen Ethik und unternehmerischem Konzept: Ist Ethik Bestandteil des unternehmerischen Konzeptes, oder steht sie darüber? Jedenfalls muß ein Unternehmen klare Wertvorstellungen haben, wenn es diese in Form von Wertestandards an die Mitarbeiter weitergeben will. Ethos muß nicht nur gelebt werden, es muß Teil des täglichen Geschäftes sein, mehr noch, es muß Geschäftspraxis sein. Nachdrücklich wurde indes darauf hingewiesen, daß Glaubwürdigkeit – gerade auch im ethischen Bereich – erst dann entsteht, wenn das Unternehmen profitabel ist. An erster Stelle steht wirtschaftliche Effizienz, alles andere kommt danach. Angemerkt wurde ferner, daß es auch Normen geben könne, die langfristig nicht mit einer Unternehmenskultur vereinbar sind. Offen blieb die Frage nach der Bedeutung von Sanktionsmechanismen.

Führungskräfte

Ethik in das Unternehmen zu bringen und zu verbreiten, ist und bleibt Aufgabe der Unternehmer. Insofern wurden Bedenken geltend gemacht, Lehrstühle für Ethik einzurichten oder Ethikbeauftragte einzusetzen, wenn Unternehmen die Implementierung von Ethik nicht als ihre Aufgabe ansehen. Für eine ethisch geprägte Unternehmenspraxis kommt es ganz entscheidend auf die Führungskräfte an. Sie gelten als Beispiel und als *Vorbild* für die Mitarbeiter, aber auch in der Gesellschaft insgesamt. So ist es von großer Bedeutung, wer in einem Unternehmen den Ton angibt. Doch der moralische Appell allein genügt nicht. Ein Ethos bedarf der Einübung. Es geht um die Heranbildung einer ethischen Kompetenz auf allen Ebenen. Denn nur wenn die Unternehmer selbst ihr Handeln gewissenhaft an einem Wertecodex ausrichten, wirkt sich ihre Vorbildfunktion auch auf die Beschäftigten im Unternehmen aus. Um sich in der Unternehmenspraxis auszuwirken, muß das Ethos von allen gelebt werden. Nur von ihm zu reden oder es zu verordnen genügt nicht.

Mitarbeiter

Die in einem Unternehmen Beschäftigten sehen sich in zweifacher Weise mit Werten konfrontiert. Zum einen sind sie Subjekte des Ethos, zum anderen Adressaten und somit Nutznießer ethischer Standards. Als ethische Subjekte sind sie herausgefordert, die vom Unternehmen festlegten Werte und Normen entsprechend umzusetzen und weiter zu vermitteln. Als Adressaten von Werten und Normen profitieren sie beispielsweise von Prinzipien der Gerechtigkeit, Gleichberechtigung und Chancengleichheit. Zudem müssen auch innere Einstellungen des Individuums berücksichtigt werden; Einstellungen, die religiös, geschichtlich und kulturell geprägt sind.

Trotz der weitgehend geteilten Auffassung, daß es gemeinsame *humane Grundnormen* gibt, bestand Zweifel darüber, ob es einen global gültigen und somit *kulturübergreifenden Wertekatalog* in den Unternehmen geben kann oder ob nicht vielmehr jeweils kulturspezifische Werte zur Geltung kommen. Allein ein Vergleich zwischen Japan, den USA und Europa macht dies deutlich: In unterschiedlichen Kulturen beheimatete Unternehmen weisen einen unterschiedlichen Umgang mit ihren Mitarbeitern auf (genannt wurden zum Beispiel enorme Unterschiede bei Aufstiegschancen). Dennoch sollten für global operierende Unternehmen global gültige Werte für die Mitarbeiter vorhanden sein; eine einheitliche Kultur ist hier weder nötig noch möglich.

Schließlich bietet die Zielgruppe der Mitarbeiter in einem multinationalen Unternehmen auch die Chance zum Export von Werten: etwa durch die Beseitigung des Unterschiedes zwischen Arbeitern und Angestellten oder der gesetzeswidrigen Aufhebung von Rassendiskriminierung im Apartheid-Südafrika (als Beispiel genannt) oder auch der gezielten Frauenförderung. Neben den Shareholder- und Stakeholder-Value tritt demzufolge der *Employee-Value*. Erfolg und Mißerfolg eines Unternehmens hängen nicht zuletzt von den Mitarbeitern ab. Sie gilt es zu fördern und auf ihre Aufgaben vorzubereiten.

Umstritten waren insbesondere folgende Positionen: Erstens wurde das Beispiel aus einem Unternehmen kritisch hinterfragt, in dem das Wort »Ethik« – mit Hinweis auf *kulturspezifische Bedeutungsunterschiede* – verboten wurde. Zweitens wurde die Quelle und Autorität für Wertekataloge oder *Ethik-Codes* als problematisch angesehen. Allein die 182 Ethik-Codes, wie sie von der OECD dokumentiert werden, offenbaren doch eine gewisse wechselseitige Relativierung und werfen zudem jeweils die Frage nach ihrer Interpretation auf. Drittens bestand die Skepsis, daß sich nicht alles ideal Gedachte in die Praxis umsetzen läßt: Können Unternehmen und Unternehmer den gestellten (ethischen) *Erwartungen* überhaupt gerecht werden? Dagegengehalten wurde jedoch der ethische und politische Wille des Unternehmers. Schließlich die Kostenfrage: Was darf Ethik das Unternehmen kosten? Eine Ethik, die allein dann zum Zuge kommt, wenn ökonomisch alles gut funktioniert, ist nichts anderes als eine »*Sonnenschein-Ethik*«.

(2) Die *ethische Außenwirkung* erhält ihre Relevanz vor allem im Hinblick auf drei Zielgruppen: Geschäftspartner, Kunde und allgemeine Öffentlichkeit.

Geschäftspartner

Gewissermaßen als eine erste Komponente eines gemeinsamen globalen Ethos wurde konstatiert, daß die Unternehmen in aller Welt stets mit Geschäftspartnern (etwa Lieferanten) zu tun haben. Standards in diesen Geschäftsbeziehungen sind gute Qualität, niedrige Preise, Verläßlichkeit, Vertragstreue etc. Diese wechselseitige Werte-Erwartung führt zwischen den Unternehmen zu einer Art Gemeinschaftsgefühl, einem unternehmerischen Grundverständnis bezüglich eines geteilten Anstandscodex, ohne den man im Geschäftsleben nicht erfolgreich sein kann. Wichtig, so wurde angemerkt, ist auch eine Unabhängigkeit in den Geschäftsbeziehungen, zum Beispiel indem sich ein Unternehmen nicht in Waffenaufträge involvieren läßt. Einem Zitat von Mahatma Gandhi folgend ist »Geschäft ohne Moral eine der sieben sozialen Sünden der Menschheit«. Oder wie der von Helmut Schmidt zitierte frühere Bosch-Chef Hans Merkle einst sagte: »Es gibt Dinge, die tut man einfach nicht.«

Kunde

Als zweite Komponente eines gemeinsamen globalen Ethos wurde hervorgehoben, daß alle Unternehmen rund um den Globus letztlich immer für ihre Kunden tätig sind: Der Kunde ist also *der* globale Faktor des Wirtschaftens schlechthin. Wer nun weltweit mit dem gleichen Kundenkreis zu tun hat, braucht dafür einen einheitlichen ethischen Codex, also eindeutige Regeln, was man tun darf und was nicht. Fraglich bleibt aber, ob solch ein einheitlicher ethischer Codex tatsächlich überall durchsetzbar ist. Skepsis bestand darüber hinaus, ob den Kunden in seiner Rolle als Verbraucher ethische Grundsätze interessieren. Insofern muß überlegt werden, ob nicht auch Kunden und Konsumenten für ethische Belange sensibilisiert werden müssen – eben in gleicher Weise, wie dies von Unternehmen etwa im Hinblick auf Umweltprobleme oder Kinderarbeit verlangt wird. Doch wie lassen sich beim Kunden bzw. Konsumenten Bewußtseins- und Verhaltensänderungen bewirken? Kunden achten zwar auf das Image eines Unternehmens, aber bedenken selten die oftmals globalen Folgen ihres Kauf- und Konsumverhaltens. Sie verhalten sich eigennützig und müssen dies auch in einer Marktwirtschaft, in der Konsumentensouveränität gilt: »Der Kunde ist König.«

Öffentlichkeit
Unternehmen werden heute stärker denn je danach beurteilt, inwieweit bei ihnen Werte und Ethik zur Geltung kommen. Ein ethisches Profil kann als Anreiz für Unternehmen dienen, sich eine besondere Publizitätswirkung zu verschaffen. Dieser gezielte Öffentlichkeitseffekt wurde als nicht unproblematisch betrachtet. Unternehmen werden möglicherweise zu bestimmten Handlungsweisen gezwungen. Darf das Ethos für solche Publicity-Zwecke instrumentalisiert werden, oder ist Ethos nicht doch etwas, das über dem Unternehmen steht und somit nicht instrumentalisierbar ist? Eine solche Öffentlichkeitsorientierung läuft Gefahr, daß nicht länger »Business Ethics« im Vordergrund steht, sondern »Ethics as Business«. Welches sind mit Blick auf die Werte überhaupt die Forderungen oder Erwartungen der Gesellschaft an die Unternehmen?

Positiv bewertet wurden Zuverlässigkeit von *Informationen* und der weltweite Zugang zu ihnen, wodurch Unsicherheiten gemindert werden. Zweifelhaft gesehen wurde hingegen die *Rolle der Medien*: Ist Ethik letzten Endes nur noch das, was die Medien für gut und richtig befinden? Werden Unternehmen demnach nur noch von und in der Öffentlichkeit belohnt, wenn sie nach ethischen Gesichtspunkten handeln?

Ganz anders dagegen zu betrachten ist, wenn ein Weltunternehmen mit seinem »guten Namen« auftreten und wirken kann. Dies bleibt nicht ohne Folgen für seinen Wertekatalog. Denn in Verbindung mit dem »guten Namen« werden weltweit auch entsprechend gute Werte erwartet.

Ein eigener umfangreicher Gesichtspunkt war die *Frage nach den ethischen Interessen* auf Seiten der *Anleger*. Ausgehend von der Kapitalanlegerseite geht es um Performance und Wertschöpfung für die Anteilseigner. Wo sind die Unternehmen, die besonders gute Leistungen erbringen? So muß der Zusammenhang von Performance, langfristigem ethischen Verhalten und guter Mitarbeit gesehen werden. Eine bedingte Selbstbindung an ethische Standards unter dem »Sonnen-

schein-Kriterium« ist falsch. Welches könnten ethische Leitlinien für große Unternehmen sein?
- Ersetzung des kurzfristigen Leistungsdrucks durch langfristige Ziele; in dieser Hinsicht sind die mittelständischen Unternehmen überlegen.
- Einstellung von qualifiziertem Personal, das für ethische Standards offen ist.
- Berücksichtigung der Abhängigkeit von Zulieferern; wenn auch hier ethische Standards angesetzt werden, ist die Zusammenarbeit leichter.
- Setzung von Sozialstandards, ohne daß die Vorgabe von außen erfolgt.
- Bisher existiert ein zurückhaltender Umgang mit den ökologischen Standards; dieser muß selbstverständlicher werden.
- Die Aktionärsstruktur darf nicht so unterschiedlich sein wie jetzt.

II. Die soziale Herausforderung

Die in einem Land tätigen Unternehmen tragen allgemein eine gesellschaftspolitische Verantwortung. Bezweifelt wurde, ob diese in Deutschland genügend ausgeprägt ist. Für ein Unternehmen sollte es selbstverständlich sein, das Gemeinwesen zu fördern, Steuerehrlichkeit zu praktizieren und Korruption zu bekämpfen.

Einen ganz wesentlichen sozialen Beitrag können Unternehmen für junge Menschen leisten, indem sie Maßnahmen durchführen, welche die *Ausbildungssituation* verbessern. Gerade globale Unternehmen können durch ihre Niederlassungen in ökonomisch schwachen Ländern Akzente ihrer sozialen Verantwortung setzen.

Als Beispiel wurde *Brasilien* angeführt, das Anfang der 70er Jahre noch ein Entwicklungsland war. Inzwischen gilt Brasilien als Schwellenland, das sich zum Beispiel neben Indien im Rahmen weltweiter Institutionen stark für die Interessen der Entwicklungsländer einsetzt. Diese international mittlerweile »starke Stimme« wäre vor 30 Jahren noch nicht denkbar gewesen. BASF, Daimler-Benz und andere Firmen, die in Brasilien investierten, hatten und haben zunächst natürlich ein Eigeninteresse. Aber gerade durch diese Firmen ist es auch zu einer Verbesserung der Bildungssituation aufgrund der Einführung der dualen Ausbildung und der Einrichtung von Bildungsstätten gekommen. Den Menschen wurde damit die Möglichkeit einer Weiterbildung gegeben, so daß beispielsweise Sao Paulo ein Investitionsmagnet geworden ist, das auch »Belinda« genannt wird: eine Kombination aus »Belgien« – für ein Industrieland stehend – und »Indien« – für ein Entwicklungsland stehend. Weiter entstand durch die Verbesserung der Ausbildungssituation ein Abstrahleffekt auf brasilianische Unternehmen, die ihrem Eigeninteresse folgen und zugleich etwas für die Gemeinschaft tun konnten.

Ein sehr grundlegender Aspekt ist die Frage nach *Menschenrechten.* Sie wurden gesehen in einer Trias mit Demokratie und Marktwirtschaft. Wo immer global präsente Unternehmen Impulse geben zur Entwicklung und Stabilisierung von Demokratie und Marktwirtschaft, dort wird auch die Situation der Menschenrechte wesentlich verbessert – etwa, wie bereits genannt, durch den Export von Werten: Gleichberechtigung, Chancengleichheit und Sozialstandards.

III. Die interkulturelle Herausforderung

Keine Frage: Globale Unternehmen stehen tagtäglich vor interkulturellen Herausforderungen. Sie treffen in den unterschiedlichsten Ländern, in denen sie vertreten sind, auf *verschiedene kulturelle und religiöse Traditionen.* Sie beschäftigen eine Vielzahl von Menschen unterschiedlichster kultureller Herkunft und religiöser Prägung. Und dies nicht nur weltweit, sondern auch zunehmend im Herkunftsland Deutschland. Globale Unternehmen sind demnach interkulturell.

Bei der Frage nach einem gemeinsamen Unternehmensethos oder gar nach einem Weltethos stellt sich unweigerlich die Frage nach den *unterschiedlichen Wertvorstellungen*, wie sie von den Kulturen und Religionen geprägt wurden und vor allem lokal große Bedeutung haben. Gemeinsame humane Grundnormen sind – wie bereits erwähnt – unbestritten. Wichtig ist jedoch, daß es über das gemeinsame humane Ethos hinaus nicht eine totale Vereinheitlichung von Werten und Normen angestrebt werden soll. Daher kommt der Toleranz und Verständigung entscheidende Bedeutung zu: Kommunikationsfähigkeit, interkultureller Dialog und interkulturelle Kompetenz müssen ausgebildet werden.

Allein ein Vergleich zwischen dem *westlichen und dem asiatischen Kulturkreis* offenbart die Verschiedenheit. Während dort Werte wie Familie, Autorität und Respekt bestimmend sind, wird im Westen vieles relativiert. Um voneinander lernen zu können, ist es prägend und interkulturell förderlich, wenn Europäer in asiatischen Ländern mehrjährige Berufserfahrung sammeln können und umgekehrt. Im Sinne wechselseitiger Toleranz und Aufgeschlossenheit muß es beiden Seiten zustehen, gerade auch die eigenen Werte zu vertreten. Doch nicht nur zwischen einander fremden, fernen Kulturkreisen bestehen unterschiedliche Wertvorstellungen. Sie finden sich auch in uns nahen Kulturkreisen: Während in Europa eine sozial-ökologische Marktwirtschaft präferiert wird, liegt in den USA die Wertoption auf einer Entfesselung und Freiheit der wirtschaftlichen Kräfte.

Warum die Tätigkeit in der *interreligiösen Grundlagenforschung* relevant ist, läßt sich daran erkennen, wie wichtig Bildung und auch berufliche Ausbildung mit globalem Horizont sind. Daher richtet sich gerade an globale Unternehmen die Erwartung, interkulturelle und interreligiöse Kompetenz zu fördern und den damit verbundenen Dialog zu praktizieren. Die Ausbildung interkultureller Kompetenz sollte ein Standard in weltweit aktiven Unternehmen sein.

Interkulturelle Verständigung hat auch zur Folge, daß bisherige Selbstverständlichkeiten überdacht werden müssen: Macht beispielsweise bei globaler Präsenz eines Unternehmens die Rede vom »Stammhaus« noch Sinn? Werden die Niederlassungen in anderen Ländern dadurch nicht herabgesetzt? Oder haben die Mitarbeiter im

Stammhaus so etwas wie »Vorrechte«? Und muß in den unterschiedlichen Produktionsstätten alles nach einem Schema ablaufen – eben wie es vom Stammhaus vorgegeben wird?

IV. Die ökologische Herausforderung

Ökologische Belange als Herausforderung für globale Unternehmen wurden schwerpunktmäßig bei den Themen Klimaerwärmung, nachhaltige Entwicklung, Umweltstandards und Verbraucherverhalten erörtert.

Bis zum Jahr 2010 wird nach aktuellen Berechnungen eine *Klimaerwärmung* von knapp 6 Prozent befürchtet. Von ihr werden vor allem die *Entwicklungsländer* negativ betroffen sein. Wie allgemein bekannt, hat der seit Anfang des Jahres 2001 amtierende US-Präsident George W. Bush erst vor kurzem erklärt, daß CO_2 für die USA kein Schadstoff sei und entsprechend kein Handlungsbedarf bestehe. Zudem werde er diesbezüglich alles tun, um die US-Industrie vor wirtschaftlichen Problemen zu bewahren, wenn sie im Zusammenhang mit Umweltstandards stünden. So stellt sich die Frage, welche Möglichkeiten andere Länder und Unternehmen haben, wenn bestimmte einflußreiche Personen nichts von ihrer Verantwortung für *öffentliche Güter* wissen wollen. Kann man wirklich nichts tun, wie ein resignativer Kommentar lautete?

Skepsis machte sich auch bezüglich des Postulats *nachhaltiger Entwicklung* breit: Insbesondere das enorme *Bevölkerungswachstum* wirkt sich hier verheerend aus. Die Weltbevölkerung wird auf zehn Milliarden Menschen anwachsen. Damit nachhaltige Entwicklung überhaupt wirken kann, müßte dieses Faktum von allen berücksichtigt werden. Dies ist jedoch vollkommen unrealistisch. Hier wird das Problem virulent, daß ärmere Länder sich diese nachhaltige Ausrichtung und damit verbundene Umweltstandards nicht leisten können. Erinnert wurde an das Brecht-Diktum: »Erst das Fressen, dann die Moral.« Fragwürdig blieb, ob Wohlstand transferiert werden kann, damit ökonomisch schwache Länder gestärkt und somit in die Lage versetzt werden, sich Ethik, Umwelt- und auch Sozialstandards leisten zu können. Mit zunehmendem Lebensstandard steigt auch das Interesse und das Verständnis für ökologische Belange. Die Verantwortung für nachhaltige Entwicklung darf jedoch nicht allein auf »den Süden« abgewälzt werden – globale Unternehmen sind auch hier gefordert. Grundsätzlich muß über eine Reform der Entwicklungspolitik und einer damit verbundenen Umverteilung der Ressourcen nachgedacht werden. In welchem Rahmen eine solche Reform erfolgen kann, mußte jedoch offenbleiben.

Umstritten war der Vorschlag, dort 3 Prozent abzuschöpfen, wo Off-Shore-Bankplätze sind. Einig war man sich hingegen darin, daß erstens Industrieländer in der Frage nachhaltiger Entwicklung beispielhaft vorangehen müssen und daß zweitens demokratische Strukturen in einem politischen System förderlich für die Ausrichtung am Prinzip der nachhaltigen Entwicklung sind: Demokratie führt zu Sustainability.

Gerade *Umweltstandards* deutscher Unternehmen gehören aber zu jenen Werten, die durch die Globalisierung auch in anderen Ländern Verbreitung gefunden haben. Andernorts könnte diesbezüglich etwas von Deutschland gelernt werden, wie umgekehrt deutsche Unternehmen bei anderen Dingen aus dem Ausland lernen können. Bei der Frage nach Umweltstandards wurde kritisiert, daß zur Berücksichtigung von *ökologischen Investitionen* immer wieder Druck ausgeübt werde, den es transparent zu machen gilt. Eine »druckfreie« Möglichkeit der Einbindung ökologischer und sozialer Standards ist die Lenkung über *steuerliche Anreize.* Auch seitens der Wirtschaftsverbände muß der Aspekt der Anreize zukünftig eine stärkere Aufmerksamkeit finden. Die Einführung und Beachtung von Umweltstandards ist natürlich eine ethische Frage, doch muß noch viel klarer definiert werden, was genau »ethisch-ökologisch nachhaltig« meint. Dann könnten auch erfolgreiche Unternehmen leichter davon profitieren.

Schließlich wurde auch in diesem Zusammenhang nochmals das *Verbraucherverhalten* zum Thema. In einer Marktwirtschaft kauft der

Konsument nach dem Kriterium »preiswert«. Woher das Produkt kommt, ist ihm egal. Ein verändertes Kauf- und Konsumverhalten tritt erst dann auf, wenn zum Beispiel Umweltskandale bekannt werden. Dann reichen den Konsumenten günstige Preise allein nicht mehr aus. Hinzu kommen sogenannte »weiche Kriterien«. Aber wenn die Unternehmen über die ökonomischen Aufgaben hinaus für ökologische Belange herangezogen werden sollen, darf der Konsument in dieser Frage nicht unberücksichtigt bleiben: Alle sind herausgefordert, sich mit Umweltfragen zu befassen.

5. Globale Ordnung – globale Institutionen

I. Entwicklungen in der internationalen Finanzordnung

Der herausragende Aspekt bei der Diskussion um die internationale Finanzordnung war die Frage nach der *Krisenvorbeugung und -bewältigung* unter Einbeziehung des Privatsektors (»Bail-in«). Betont wurde: Vorrangig ist die Konzentration auf Vermeidung von Krisen. Erst als zweites gilt die Aufmerksamkeit der Krisenbewältigung. Die richtige »Sequency« ist entscheidend, also: Zusammensetzung und Abfolge der Maßnahmen im Umgang mit Krisen. Ein Bezugspunkt war der IWF: Der Wandel zur Zurückhaltung und Vorsicht bei der Kreditvergabe wurde allgemein positiv bewertet. Hinsichtlich der Laufzeiten von Krediten wurde angemerkt, daß das Gefährliche nicht der Zeit-, sondern der Kostenfaktor sei.

Übereinstimmung bestand in der Kritik, daß die *Krisenbewältigungsprogramme*, etwa vom IWF, oder auch die Konjunkturprogramme betroffener Länder, wie zum Beispiel von Japan, in Asien praktisch keinen Erfolg gezeigt haben. Entsprechend besteht auch von Seiten der Unternehmen eine Verantwortung, egal, ob es sich – wie in Japan – um eine Überinvestitionskrise oder wie beispielsweise in Mexiko um eine Überkonsumtionskrise handelte. Wenn es um die ethischen Aspekte der Krisenvermeidung bzw. -bewältigung geht, so sind nicht nur IWF oder Weltbank als Institutionen gefordert, sondern auch die global operierenden Unternehmen.

Die *Tobin-Tax* als Steuerungsinstrument zur Krisenvermeidung wurde als Illusion abgetan. Denn ihr Nutzen für den Kapitalverkehr ist mehr als fraglich. Umstrukturierungen bremsen Umsätze. Alle »Off-Shore-Centers« müßten zudem einbezogen werden. Zur Tobin-Steuer als weltweite Einkunftsart könnten – so ein zentraler Einwand – ohnehin bessere Alternativen gefunden werden. Überhaupt stellten sich zwei Fragen: Für welche Zwecke sollen weltweite Einkünfte verwendet werden? Nach welchen Kriterien soll verteilt werden?

Auch der Vorschlag der sogenannten *Kofinanzierung* – unter anderem mit den Kriterien Ressourcenverbrauch und Technologieeinsatz – wurde eingebracht, stieß aber sogleich auf Kritik: Das europäische Konzept der Kofinanzierung lasse sich im Bereich der NAFTA oder gar weltweit niemals durchsetzen. Der Souveränitätsanspruch der Staaten ist nur schwer vereinbar mit einem System der konditionierten Finanzierung. In diesem Zusammenhang wurde auf die Bedeutung dezentraler Entscheidungen hingewiesen, die einen Vorteil gegenüber (supra)staatlichen Vorschriften haben. Als Beispiel wurde hier die Liberalisierung im Strom- und Gasmarkt angeführt.

Schließlich wurde noch die *Fusionsentwicklung* der zurückliegenden Jahre erörtert, die als beunruhigend erachtet wurde. Auf Skepsis stießen nicht zuletzt Bankenfusionen. Denn etwa die Hälfte der Fusionen in diesem Bereich waren nicht erfolgreich. Dennoch wurde ein Lernprozeß konstatiert, der Fortschritte zeigt. Ob hier auf Dauer alles den Global Players überlassen werden dürfe, wurde in Frage gestellt. Dringend notwendig seien Genehmigungen und Veröffentlichungen ab einer bestimmten Größenordnung von Fusionen, um Krisenpotentiale für die Finanzmärkte zu vermeiden. In diesem Zusammenhang wurde auch das »OPEC-Kartell« kritisch betrachtet. Es wurde sogar die Meinung geäußert, daß es dieses ohne den Rückhalt der USA ohnehin nicht mehr gäbe.

II. Bedeutung und Rolle von Weltinstitutionen

Eine Grundsatzfrage stellte sich: Wer hat generell die *Legitimität,* ein Weltethos, also globale ethische Werte und Standards, einzuführen und deren Einhaltung zu überwachen? Der *UNO* komme wohl am ehesten die entsprechende Funktion zu. Hingewiesen wurde hier auf den bereits bestehenden »Global Compact«, wie er auf Initiative des UN-Generalsekretärs Kofi Annan ausformuliert wurde. Der Vorteil und die Akzeptanz des »Global Compact« liegt in seiner weiten und daher interpretierbaren Fassung. Dieses Offensein für Auslegung wurde mit den Zehn Geboten verglichen. Ein Weltethos müßte entprechend institutionalisiert werden in Abstimmung auf bereits bestehende institutionelle Arrangements. Problematisch gesehen wurde die Vielzahl bestehender Ethik-Codes, wie sie von der OECD dokumentiert werden: Allein hier bestünden 182 entsprechende ethische Codes. Wonach soll man sich da als Unternehmer bzw. als Unternehmen richten?

Ist eine stärkere *Verrechtlichung* auf Weltebene erforderlich? Ein »Rule of Law«, wie es in den USA existiert? Fraglich blieb jedoch, ob sich das »Modell USA« in dieser Hinsicht auf die Weltebene übertragen läßt. In Japan beispielsweise existiert nichts Vergleichbares.

Zur Beaufsichtigung und Kontrolle von entsprechend großen Fusionen wurde vorgeschlagen, ein *Weltkartellamt* zu schaffen. Einerseits war die Option »freier Markt« unbestritten, andererseits gab es keine Einwände gegen internationale Wettbewerbsregeln. Wettbewerb *und* Wettbewerbsaufsicht müssen hier die globale Perspektive sein.

Die *WTO* mit nunmehr 140 Mitgliedern wurde als Beispiel für eine positive Entwicklung globalen Zusammenwirkens genannt. Globale Regeln wurden ausgehend von dem ursprünglichen Vertrag, dem GATT (General Agreement on Tariffs and Trade) institutionalisiert. Nicht zuletzt für den Bereich der Sozial- und Umweltstandards sind positive Signale erkennbar. *Globaler freier Handel* fördert Wachstum auf Weltebene. Damit bestehen zugleich bessere Chancen für Ökologie, Ausbildung und Sozialstandards. Gerade diesbezüglich wird seit der Uruguay-Runde diskutiert, ob die WTO auch für die Aufnahme von Sozialstandards zuständig zeichnen soll. Als weiteres Beispiel für die positive Wirkung globaler Maßnahmen wurde die Emissionsreduktion bei den Automobilen angeführt.

Was könnte nun der *Beitrag der Unternehmen* sein? Neben den bereits angesprochenen sich selbstzusetzenden Standards könnten sie mithelfen, ein *globales Regime* aufzubauen, das zum Beispiel WTO und ILO (International Labour Organization) näher zusammenbringen könnte. Es gilt am Aufbau einer Ordnung mitzuwirken, ohne daß dabei wirtschaftliche Verluste entstehen.

III. Bedeutung und Rolle von Nichtregierungsorganisationen (NGO)

Sehr kritisch wurde die Bedeutung und Rolle der *NGOs* betrachtet. Gegenwärtig gibt es eine *unüberschaubare Vielzahl* an Nichtregierungsorganisationen: weltweit wohl über 20.000. In der Diskussion wurden sie als Ausdruck von gesellschaftlichen Defiziten und von Partikularinteressen gesehen. Grundsätzlich stellte sich die Frage, ob sie nicht auch wie globale Unternehmen und internationale Organisationen bestimmten (ethischen) Standards gerecht werden müßten. Dagegen eingewendet wurde, daß sich für die Vielzahl international agierender NGOs eine globale Moral nicht verordnen lasse – sie müsse in freier Akzeptanz angenommen werden. Es könnte – so ein Vorschlag – eine Aufgabe der Stiftung Weltethos sein, Ziele der NGOs auf die Übereinstimmung mit den Zielen des Weltethos zu untersuchen.

Trotz der eher kritischen Sicht wurde den NGOs auch eine Wertschätzung zuteil: Sie vermögen *konstruktive Ideen* beizusteuern. Daher ist es wichtig, daß sie einbezogen und nicht außen vor gelassen werden. Im übrigen sind sie – ob sie sich dessen nun bewußt sind oder nicht – auch Teil der marktwirtschaftlichen Ordnung. Wenn es allerdings den bestehenden Weltorganisationen wie WTO, IWF, ILO (als Unterorganisation der UN), die allesamt reformbedürftig sind, nicht wirkungsvoll gelingt, globale Verbesserungen herbeizuführen, so sollten die NGOs ihre Chance dazu bekommen.

Insbesondere in Hinblick auf die gescheiterte Konferenz der *WTO in Seattle* im Dezember 1999 war die Rolle der NGOs nicht unbedeutend: Alle zivilgesellschaftlichen Akteure, wie etwa Gewerkschaften, waren beispielsweise gegen die NAFTA (North American Free Trade Agreement). Während die EU Fortschritte der Liberalisierung mit dem Kohäsionsfonds und dem Strukturfonds hat einhergehen lassen, wurde dies bei der NAFTA versäumt.

Ergänzend wurde die Frage aufgeworfen, inwiefern NGOs auf das Verhalten der Anleger im Sinne eines ethisch-ökologischen Investments einwirken könnten. Dazu wären jedoch entsprechend ethisch orientierte Analysten erforderlich sowie die Bereitschaft, damit verbundene Kosten in Kauf zu nehmen.

6. Eine Welt – verschiedene Kulturen

In die Diskussionen wurden gelegentlich Einzelbeispiele aus ganz bestimmten Regionen oder Ländern dieser Welt zur Veranschaulichung politischer, wirtschaftlicher oder gesellschaftlicher Aspekte eingebracht. Drei Pole standen besonders im Blickpunkt: Europa – USA – Asien.

Europa

Es wurde auf die europäische Selbsteinschätzung hingewiesen, als christliches Abendland »Vater aller Modelle« zu sein. Doch scheint diese Modellfunktion in der Realität nicht gegeben zu sein. Bemängelt wurde der fehlende politische Wille, sich verstärkt als Europäische Union in die internationale Gemeinschaft einzubringen. Zudem fehlten die dazu erforderlichen Machtmittel. Könnte Europa möglicherweise durch die USA entsprechend wirken? Etwa indem versucht würde, den europäischen Wertekanon in die amerikanische Gesellschaft »einzupflanzen«? Doch europäische Kultur – so ein Einwand – lasse sich kaum woandershin übertragen oder übersetzen.

USA
Wenngleich ihr Engagement in der Welt in den letzten Jahrzehnten zu würdigen ist, so bleibt die Rolle der Vereinigten Staaten zwiespältig: Einerseits hohe moralische Prinzipien wie Freiheit und Menschenrechte. Andererseits kein Zurückschrecken vor den Mittel der Spionage, wie das Beispiel der Untertunnelung der russischen Botschaft in Washington D.C. zeigt.

Asien
Ein Kontinent mit Ländern reich an Ideen. Doch gegenwärtig fehlt es noch an Strukturen. Die Volksrepublik *China* wurde als das asiatische Land der Zukunft herausgestellt. In weniger als 20 Jahren werde China neben den USA und Europa zu einem der mächtigsten Länder der Welt. Kritisch stand man der Tibetpolitik Chinas und dem Umgang mit Menschenrechten gegenüber. *Japan* stellt im asiatischen Kontext eine eigene Kultur dar. Die Folge: mangelnde Akzeptanz durch asiatische Nachbarn und dadurch eine gewisse – nicht zuletzt selbst verschuldete – Isolation. Manche, heute für Japan wesentliche Kennzeichen wurden aus dem Ausland »importiert« und weiterentwickelt: etwa die Schrift aus China und die Technologie aus dem Westen. Nach dem Platzen der »Bubble Economy« schrumpft der Einfluß Japans immer weiter, während die Bedeutung Chinas wächst.

7. Ethische Verantwortung des einzelnen

Als eines der entscheidenden Ergebnisse des Symposions kann festgehalten werden, daß erstens das *Ethos zunächst jeden einzelnen* betrifft und daß es zweitens, um wirksam zu werden, *vorgelebt* werden muß, egal in welchem Kontext: in der Gesellschaft insgesamt, in der Wirtschaft sowie in der Politik.

Wenn wir als einzelne nicht in der Lage sind, ein Ethos vorzuleben, dann können wir dieses auch nicht von anderen erwarten. Das Ethos steht und fällt mit Personen, die in einem Grundkonsens entwickelte

Werte glaubwürdig ausstrahlen. Dagegen eingewendet wurde, daß es aufgrund der von Soziologen diagnostizierten *Individualisierung* und Fragmentierung der Gesellschaft immer schwieriger wird, sich auf diese gemeinsamen Werte zu einigen.

Zur ethischen Verantwortung des einzelnen gehört der *gewissen*hafte Umgang mit dem ihm Anvertrauten, gehört eine moralische Grenze des Handelns, wie sie der bereits zitierte Merkle-Satz zum Ausdruck bringt: nämlich daß es Dinge gibt, die man einfach nicht tut. Ethisches Handeln sollte auch unabhängig von der materiellen Grundlage – entgegen dem Brecht-Diktum – die Regel sein. Unbestritten war, daß es natürlich immer wieder Fehlverhalten gab und gibt. Das Ethos ist stets gekennzeichnet durch seine Kontrafaktizität. Der Triumph des Schlechten, des Bösen habe gemäß Yehudi Menuhin nur eine einzige Voraussetzung: daß Gute nichts mehr Gutes tun. Nichtsdestoweniger wurde sogar die gewagte Hoffnung zum Ausdruck gebracht, daß die Menschen eines Tages soweit in ihrer Entwicklung sein werden, daß ethisches Handeln zu einer reinen Selbstverständlichkeit würde. In einer biographischen Notiz wurde berichtet, daß Bedenken, strenge Regeln tatsächlich einzuhalten, auch davon abhalten könnten, in einem bestimmten Zirkel (hier der Rotary-Club) Mitglied zu werden. Grundsätzlich gilt es, der Stimme des Gewissens zu folgen und diese Stimme auch hörbar zu machen.

Von verschiedenen Teilnehmern wurde mehrfach unterstrichen, wie wesentlich es für sie ist, daß das Ethos im *Religiösen* verwurzelt ist. Zum gelingenden und verantwortungsvollen Menschsein gehören ihrer Auffassung nach stets auch tiefere Schichten. Wiewohl das Projekt Weltethos programmatisch die Begründungsfrage – ob religiös oder säkular – offen läßt, so scheute man sich keineswegs in diesem Kreis, Matthias Claudius oder Meister Eckhart zu zitieren, um die anthropologisch-religiösen Aspekte mit Blick auf das Ethos zu verdeutlichen.

Ein Problem eigener Art stellen *ethische Dilemma*-Situationen dar, in denen sich der einzelne (oder auch Unternehmen) befinden könne. Ein Beispiel, das angeführt wurde, ist eine äußerst prekäre Situation in der Transplantationsmedizin: Dürfen Organe eines per Todesstrafe

Hingerichteten genutzt werden, um damit das Leben eines oder mehrerer Menschen zu retten? Ein anderes Beispiel war, ob europäisches Milchpulver in afrikanische Länder exportiert werden dürfe, wenn dort die Gefahr der AIDS-Übertragung durch Muttermilch gemindert werden könnte. Schließlich wurden noch Boykottmaßnahmen generell angesprochen und in Frage gestellt: Wen trifft faktisch der Boykott wie vor einiger Zeit in Südafrika oder nach wie vor im Irak? Ist dieser und seine Folgen ethisch zu rechtfertigen?

8. Perspektiven des Weltethos

Im Sinne der getroffenen Unterscheidung zwischen Ethik und Ethos wird ganz bewußt von »*Weltethos*« gesprochen: Es geht um die innere sittliche Haltung des einzelnen. Wichtig ist es, sich angesichts der Herausforderung der Globalisierung auf globale gemeinsame Werte und Normen zu einigen, die an den einzelnen adressiert werden können.

Globale Werte und Normen gelten für alle Menschen, egal ob Buddhist oder Hindu. Aber jede Religion hat zusätzliche Normen. Es geht zunächst um ein Minimum. In den Worten der biblischen Bergpredigt müßte man zwar »eine Meile mitgehen« (als globale Norm) – die von der speziellen christlichen Ethik geforderte »zweite Meile« steht in der freien Entscheidung und Verantwortung des einzelnen.

Eine bleibende Herausforderung wurde in der *Vielfalt und Verschiedenheit der Kulturen* gesehen, vor allem dort, wo Kulturen erzwungenermaßen oder willkürlich zusammenleben (müssen), sich aber eigentlich feindlich gegenüberstehen oder gar bekämpfen: Gerade dort wird ein einheitliches Ethos schnell zur Illusion, wenn es von außen übergestülpt wird wie etwa eine fremde Technologie. Vielmehr muß ein solches gemeinsames Ethos und das Bewußtsein dafür – oft über Generationen – wachsen und vorgelebt werden.

Herausgefordert, sich dem Anliegen des Weltethos zu stellen, sind die *Unternehmen*: Was besteht bereits an Zielen und Praxis in Übereinstimmung mit dem Weltethos, was kann darüber hinaus oder neu zu einem globalen Ethos beigetragen werden? Einmal gesetzte »Meßlatten« dürften für die Praxis nicht ohne Wirkung sein. Auf der anderen Seite müssen jedoch auch Fragen und Anliegen der Unternehmen berücksichtigt werden.

Auch die *politische Ebene* sollte sich der Herausforderung eines globalen Ethos stellen und hier Verantwortungsbewußtsein zeigen. Auf internationaler Ebene gilt es, die Überlegung fortzusetzen, in welcher Weise die Weltethos-Idee in bereits vorhandene institutionelle Arrangements eingebunden werden kann.

Globale Marktwirtschaft und ethische Rahmenordnung

Rückblick und Ausblick

Hans Küng

Inhalt

1. Erfolg oder Mißerfolg der globalen Marktwirtschaft?

Nach dem Zusammenbruch des Sowjetimperiums hat sich die Marktwirtschaft als das globale Wirtschaftsmodell durchgesetzt. Auf dem europäischen Kontinent spricht man freilich ungern statt von »Marktwirtschaft« von »Kapitalismus«; dieses Wort ist wie andererseits »Sozialismus« ideologisch belastet und mit allzu vielen sozialen Mißbräuchen und Mißständen verbunden. Im Gegenteil ist man sich auf dem europäischen Kontinent weithin darüber einig, wie auch unser Baden-Badener Symposion eindrücklich gezeigt hat, daß die freie Marktwirtschaft zugleich sozial und ökologisch sein muß, wenn sie Bestand haben, also »nachhaltig« sein soll.

Daß die Nachhaltigkeit des marktwirtschaftlichen Systems nicht von vornherein garantiert ist, haben die allerneuesten Erfahrungen bewiesen. Die asiatischen Finanzkrisen der 90er Jahre zeigten, daß eine »freie Marktwirtschaft« auch scheitern kann, und die Krise der Ökonomie Rußlands hat manifestiert, wie ein Transformationsprozeß zur

Marktwirtschaft ins Stocken geraten kann. Ja, man kann nicht übersehen, daß eine globale Marktwirtschaft ganz neuen globalen Risiken ausgesetzt ist. Wir müssen klugerweise rechnen mit einer »Gefährdung des Gesamtsystems im Fall krisenhafter Zuspitzungen, z.B. sogenannte Systemrisiken an den Finanzmärkten« (Prof. Hans Tietmeyer).

Eine monokausale Erklärung der Krise der Marktwirtschaft in einem bestimmten Land oder in einer bestimmten Region ist meist oberflächlich. Wir beobachten ja oft, daß in einer solchen Situation nicht ohne Grund gegenseitige Schuldzuweisungen erfolgen: Die Wirtschaft beschuldigt die Politik und die Politik die Wirtschaft, und der Durchschnittsbürger sucht die Schuld sehr oft in moralischen Defekten beider. Jedenfalls genügt es schon, daß einer der drei Faktoren, ob nun Wirtschaft, Politik oder Moral, nicht funktioniert, damit das marktwirtschaftliche System in ernsthafte Schwierigkeiten gerät.

Ich sehe mich in meiner bewußt herausfordernden Analyse bestätigt durch die ebenso präzisen wie umfassenden Darlegungen des britischen Wirtschaftswissenschaftlers John H. Dunning, Professor Emeritus of International Business (University Reading/England und Rutgers University/USA) in seinem Artikel: »Whither Global Capitalism?« (Global Focus, Vol.12, No.1, 2000).

Drei verschiedene Komplexe des Versagens sind zu unterscheiden:

1. Ein Versagen der Märkte selbst: »Moral Hazard«, unangemessene makro-ökonomische Politik, exzessive Spekulation (Immobilien- und Aktienmarkt), überbewertete Währung, einseitige Wechselkursbindung, schlechtes Timing der kurzfristigen Schulden, Präsenz eines starken Schwarzmarktes, ein Ansteckungseffekt.
2. Ein Versagen der Institutionen: unzureichendes Funktionieren von Regulierungs- und Überwachungssystem, Bankensystem, rechtlicher Infrastruktur und Finanzsystem; mangelnder Schutz der Eigentumsrechte; Mangel an Transparenz und inadäquate Bilanzstandards.
3. Ein Versagen der Moral, das dem Versagen der Märkte und Institu-

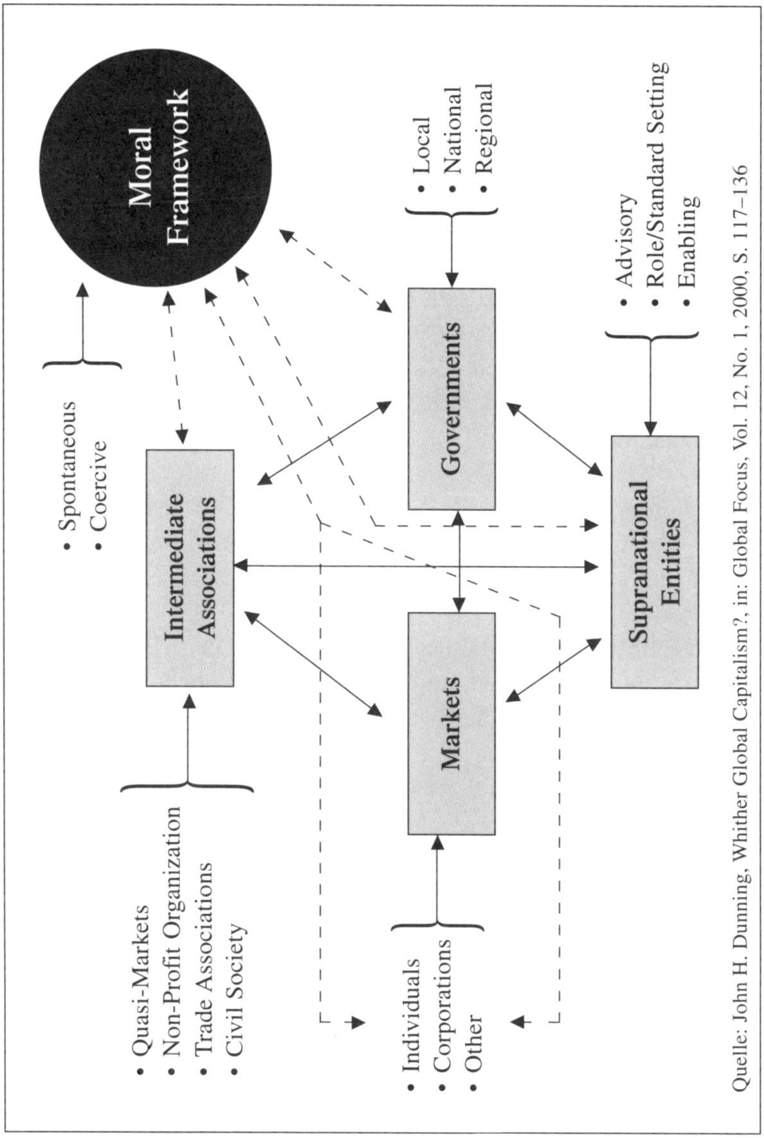

Quelle: John H. Dunning, Whither Global Capitalism?, in: Global Focus, Vol. 12, No. 1, 2000, S. 117–136

Abbildung 1: Die Institutionen des Globalen Kapitalismus

tionen zugrunde liegt: Vetternwirtschaft und Mafia-Kapitalismus, Bestechung und Korruption, Mangel an Vertrauen und sozialer Verantwortung, exzessive Raffgier der Investoren oder Institutionen.

Dunning hat diese verschiedenen Faktoren bei sieben Problemländern – Japan, Korea, Indonesien, Thailand, Hongkong, Malaysia und Rußland – untersucht und festgestellt, daß bei ihnen allen ein Versagen auf allen drei Ebenen – wenn auch jeweils an verschiedenen Punkten – festzustellen ist, die jeweils als einzelne, aber auch zugleich in ihrem Gesamtzusammenhang betrachtet werden müssen. In einem originellen Schema hat er versucht, das Versagen im wirtschaftlichen und institutionellen Bereich mit dem Versagen im moralischen Bereich in Beziehung zu setzen.

Dabei konnte er auf folgende Zusammenhänge hinweisen:
- Die inadäquate Handelsinfrastruktur hängt oft zusammen mit Bestechung und Korruption und mit exzessivem Eigeninteresse und Raffgier;
- unangemessenes Funktionieren auf der Ebene der Makroorganisationen mit Unehrlichkeit und Betrug, einem Mangel an Vertrauen, Kompromißfähigkeit, Kooperation und Gruppenloyalität;
- Unzulänglichkeiten im Rechtssystem etwa bezüglich der Verbrechensprävention hängen zusammen mit Mafia- und Casinokapitalismus;
- ein inadäquates Bank-, Finanz- und Rechenschaftssystem mit Opportunismus, »Schlendrian« und Undiszipliniertheit;
- eine inadäquate Gesellschaftsarchitektur mit der Indifferenz gegenüber den Bedürfnissen anderer und einem Mangel an persönlichem Pflichtgefühl und gesellschaftlicher Verantwortlichkeit;
- die Unzulänglichkeiten im Schutz der Eigentumsrechte mit einer unbekümmert-verantwortungslosen Haltung.

Aus all dem ergibt sich, daß die Moral, das Ethos nicht etwas Marginales ist oder nur etwas künstlich Aufgesetztes, sondern daß man hier

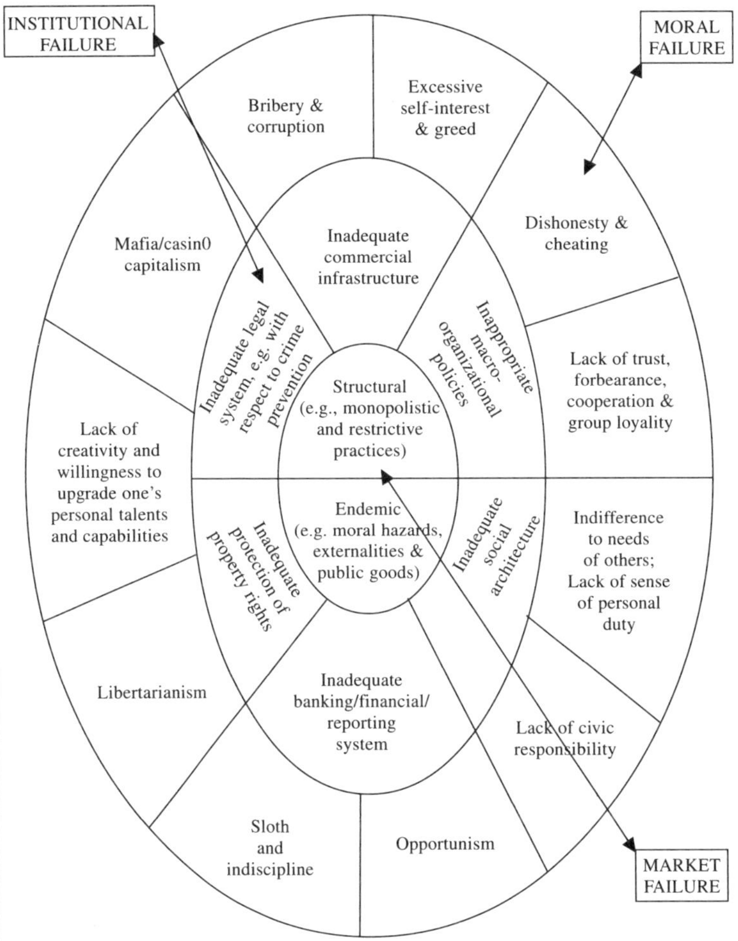

Quelle: John H. Dunning, Whither Global Capitalism?, in: Global Focus, Vol. 12, No. 1, 2000, S. 117–136

Abbildung 2: Die drei Ebenen, auf denen der Globale Kapitalismus scheitern könnte mit Recht von einem »Moral Framework« spricht, das sowohl mit den Märkten wie mit den Regierungen, mit den intermediären Assoziationen wie mit den supranationalen Organisationen in Interdependenz und Interaktion steht.

2. Notwendigkeit einer ethischen Rahmenordnung

Mit Ethos sind also nicht nur »moralische Appelle« gemeint, sondern moralisches Handeln. Allerdings braucht es auch in der Wirtschaft oft, wie zur Zeit an der Börse, den Leidensdruck, um den Reformdruck zu erzeugen, der zur politischen Kraft werden kann. Die Proteste gegen die Globalisierung haben indes auch für Wirtschaft und Wirtschaftswissenschaft die Frage nach der sozialen Akzeptanz des neuen globalisierten Wirtschaftssystems wachgerufen. Diese Akzeptanz ist noch nicht gewährleistet, wenn die globalen Unternehmen und Märkte, die nationalen Regierungen, überregionalen Institutionen und intermediären Organisationen effizient funktionieren würden. Man fragt heute mit Recht nach der ihnen zugrundeliegenden ethischen Rahmenordnung, die freilich nicht mit einer Verrechtlichung des Ethos bis in alle Details gleichgesetzt werden darf.

Die globale Marktwirtschaft wird auf die Dauer jedenfalls nur dann akzeptiert, wenn sie sozial ist, worauf J. H. Dunning ebenfalls aufmerksam macht. Es muß ja in einer demokratischen Gesellschaft die Mehrheit der Wähler immer wieder neu davon überzeugt werden:

- daß sich diese Wirtschaftsordnung für sie selbst und für diejenigen, für die sie sich in irgendeiner Weise verantwortlich fühlen, lohnt;
- daß die ökonomische Partizipation (»Inclusiveness«) und die soziale Gerechtigkeit integraler Teil der Ziele dieser Wirtschaftsordnung sind;
- daß also eine starke ethische Rahmenordnung das Wirken der globalen Märkte und der außermarktlichen Institutionen abstützt und Verhalten wie Entscheidungsprozesse derer beeinflußt, die im Produktions- und Verteilungsprozeß stehen.

Nicht zuletzt zeigt ein Blick in die Geschichte, daß erfolgreiche Ökonomien stets gestützt waren durch eine starke moralische Grundlage. In dem Moment, da diese Grundlage unterminiert war oder eine neue soziale Ordnung als möglich oder gar besser erschien, begann die bisher geltende Wirtschaftsordnung zusammenzubrechen.

Dunnings Schlußfolgerung: »Sowohl die individuellen als auch die sozialen moralischen Tugenden müssen gestärkt und neu gestaltet (»reconfigured«) werden auf eine Weise, die mit einer wissensintensiven, auf Allianzen basierenden, multikulturellen Gesellschaft in Übereinstimmung steht und die Märkte wie Institutionen außerhalb des Marktes am besten befähigt zusammenzuarbeiten, um wirksames Wachstum und soziale Gerechtigkeit zu fördern. Nur dann wird der globale Markt ein annehmbarer Diener der Individuen und der Gesellschaft sein und nicht ein unannehmbarer Herrscher« (»Only then will the global market place be an acceptable servant of individuals and society and not an unacceptable master«).

3. Kulturübergreifende ethische Werte und Standards?

Jedes Wort kann verschieden verstanden, jeder Begriff verschieden definiert werden. Insofern ist es nicht erstaunlich, daß auch ethische Begriffe wie etwa »Integrität« je nach kulturellem Kontext eine unterschiedliche Bedeutung haben können. Das Wort Integrität kommt bekanntlich vom lateinischen »tangere« = »berühren«. Das lateinische »integer« meint »unberührt«, »unversehrt«, »unbescholten«, »heil«, »ganz«. Integrität kann somit definiert werden als das Freisein von sittlichen Verfehlungen, als Unbescholtenheit und Unbestechlichkeit – nicht zu verwechseln mit absoluter Fehlerlosigkeit, Irrtumsfreiheit oder gar Unfehlbarkeit. Doch ist richtig, daß die Amerikaner unter »Integrität« vor allem das Einhalten vorgeschriebener Gesetze verstehen und das Wort nicht im umfassenden lateinischen oder deutschen Sinn nehmen (Prof. Jürgen Strube).

Wie läßt sich dieser Schwierigkeit begegnen? Auf zwei Weisen:

1. Es ist notwendig, derartige Begriffe nicht formal zu gebrauchen, sondern mit Inhalt zu füllen. Wenn im Deutschen mit dem Wort »Integrität« Unbestechlichkeit, Aufrichtigkeit, Ehrlichkeit, überhaupt die Übereinstimmung von Reden und Handeln einer Person miterfaßt wird, so ist dies freilich ein Beispiel dafür, daß wir bei der inhaltlichen Füllung des globalen Ethos zugleich konkreter und umfassender ansetzen müssen.
2. Auch ein einzelner Begriff kann ganz und gar eindeutig verstanden werden, wenn er nämlich nicht absolut gebraucht, sondern in eine bestimmte Situation hinein gesprochen wird. Wenn in einem Unternehmen angesichts einer bestimmten Korruptionsaffäre »Integrität« angemahnt wird, so ist in Deutschland wie in Amerika eindeutig, was damit gemeint ist. Oder um die Frage auszuweiten: Wenn etwa die Bürger und Bürgerinnen von Prag – der amerikanische Sozialwissenschaftler Michael Walzer hat darauf aufmerksam gemacht – im Revolutionsjahr 1989 auf die Straße gingen und mit Transparenten ganz einfach »Gerechtigkeit« oder »Wahrheit« forderten, so war es aus der konkreten Situation heraus völlig klar, was sie meinten: Mit »Gerechtigkeit« war die Abschaffung gewisser Parteiprivilegien, eine unparteiische Rechtsprechung und die Beendigung willkürlicher Verhaftungen gemeint und mit »Wahrheit« das Ende der offiziellen Lügen und der ständigen Fehlinformationen durch Medien. Auf der ganzen Welt wurden diese Worte über alle nationalen, kulturellen und religiösen Grenzen hinweg so gut verstanden, daß daraus eine internationale Solidarität mit den Menschen in der Tschechoslowakei entstand.

Insofern können also solche Begriffe durchaus so etwas wie ein Bündel elementarer ethischer Werte und Standards ausdrücken, so etwas wie ein »Kernethos«. Doch wird man bei einer Ausformulierung des Weltethos sich mit abstrakten Begriffen nicht begnügen können, sondern man muß die ethischen Werte und Standards inhaltlich füllen.

4. Inhalte einer kulturübergreifenden ethischen Rahmenordnung

Hier bietet der UN Global Compact (»Globaler Vertrag«) – von Generalsekretär Kofi Annan vorangetrieben – einen wertvollen Ansatz. Wenn er von der Weltwirtschaft die Respektierung und Unterstützung der Menschenrechte, die Eliminierung aller Formen von Zwangs- und Kinderarbeit und das Eingehen auf die ökologischen Herausforderungen verlangt, dann aufgrund der Überzeugung, daß überall auf der Erde – also in allen Gesellschaften, Kulturen und Religionen – Menschen vergleichbare Grundpfeiler anerkennen für das konfliktfreie Zusammenleben und den gewaltlosen Ausgleich von Interessen.

Damit stimmt der UN Global Compact mit dem Ansatz der Weltethos-Erklärung des Parlaments der Weltreligionen von Chicago 1993 überein. In beiden Dokumenten steht die unbedingte Achtung der Menschenwürde im Zentrum. Aber während der UN Global Compact von den Menschenrechten, der Ausgestaltung der Arbeitsbedingungen und vom Umweltschutz ausgeht und so gerade allgemeine ethische Prinzipien voraussetzt, geht die Weltethos-Erklärung des Parlaments der Weltreligionen aus von allgemeinen ethischen Prinzipien und stößt von dort her dann auch zu sozialen und ökologischen Forderungen vor. So fehlt zum Beispiel beim Global Compact die Forderung der Wahrhaftigkeit, die Voraussetzung ist für das Vertrauen, das eine grundlegende Kategorie nicht nur für Demokratie und Rechtsstaat, sondern auch für die Wirtschaft ist. Vertrauen oder Mißtrauen sind unter anderem Resultate wahrhaftigen oder unwahrhaftigen, fairen oder unfairen Verhaltens.

Auch im Zusammenhang mit den Forderungen der OECD habe ich in meiner Einleitung deutlich gemacht, wie sehr etwa die OECD-Richtlinien für multinationale Unternehmen ganz bestimmte ethische Grundforderungen enthalten:

- wie die Forderung nach »disclosure« (Offenlegung), die den Willen zur Wahrhaftigkeit, Aufrichtigkeit, Transparenz voraussetzt;
- wie die Forderung des Umweltschutzes sowie der öffentlichen Ge-

sundheit und Sicherheit, die die Ehrfurcht vor dem Leben, allem Leben, auch dem der Tiere und Pflanzen, voraussetzt;
- wie die Forderung, auf alle Schmiergelder oder andere Bestechungsmittel zu verzichten, die eine grundlegende Einstellung zur Gerechtigkeit und Fairneß sowie den Willen zu einer gerechten Wirtschaftsordnung voraussetzt;
- wie die Forderung, am Arbeitsplatz jede Diskriminierung auch aufgrund des Geschlechts zu vermeiden, was die ethische Überzeugung von der Partnerschaft von Mann und Frau und die Notwendigkeit der Gleichberechtigung impliziert.

Wer meint, es gehe hier nur um abstrakte allgemeine Sätze, der lese die genannte Weltethos-Erklärung des Parlaments der Weltreligionen, wo die aus uralten ethischen und religiösen Traditionen stammenden Prinzipien in die Gegenwart hinein übersetzt werden (in unserer Dokumentation ist der Abschnitt über »Solidarität und gerechte Wirtschaftsordnung« wiedergegeben). Oder man lese in der Dokumentation auch den Vorschlag einer Allgemeinen Erklärung der Menschenpflichten, wie er vom InterAction Council früherer Staats- und Regierungschefs unter dem Vorsitz des ehemaligen Bundeskanzlers Helmut Schmidt vorgelegt wurde, der es sich dankenswerterweise nicht nehmen ließ, an diesem Symposion teilzunehmen. Hier sind in den äußerst knappen und doch konkreten 19 Artikeln dieselben Prinzipien mehr juristisch, sozusagen in UNO-Sprache formuliert. Sie würden es verdienen, eines Tages in der UN-Vollversammlung diskutiert zu werden; schon die Diskussion solcher gemeinsamen Prinzipien würde mithelfen, das Bewußtsein der Weltbevölkerung bezüglich gemeinsamer Werte, Standards und Haltungen bewußt zu machen. Die Erklärung würde es allerdings auch verdienen, in jedem großen Unternehmen als allgemeine Grundlage für die eigene ethische Charta genommen zu werden.

Aus all dem ergibt sich: Die in unserem Symposion immer wieder aufgeworfene, für globale Unternehmen grundlegende Frage nach kulturübergreifenden globalen Werten und Standards ist durchaus beantwortbar.

5. Welches sind die gemeinsamen humanen Grundwerte und Standards?

Die elementaren humanen Werte und Standards der großen ethisch-religiösen Traditionen, wie sie in den genannten Erklärungen für unsere heutige Zeit ausgedrückt sind, wurden in einem höchst komplizierten sozial-dynamischen Prozeß im Lauf der Evolution des Menschen durch den Menschen selbst herausgebildet. Das heißt: Wo sich Bedürfnisse des Lebens und menschliche Dringlichkeiten und Notwendigkeiten zeigten, da drängten sich Handlungsregulative für das menschliche Verhalten auf: Prioritäten, Konventionen, Gesetze, Gebote, Weisungen und Sitten, kurz: bestimmte ethische Normen, Werte und Standards. Und so findet sich denn vieles, was in der Hebräischen Bibel, im Neuen Testament und auch im Koran, in den Kulturen semitischen Ursprungs also, als Gebot Gottes verkündet wird, auch in den Religionen indischen und chinesischen Ursprunges.

Das heißt nun aber auch: Immer wieder neu mußten und müssen die Menschen ethische Normen, ethische Lösungen in Entwürfen und Modellen erproben, sie oft durch Generationen hindurch einüben und bewähren. Nach Perioden von Bewährung und Eingewöhnung kommt es schließlich zur Anerkennung solcher eingelebten Normen, aber manchmal auch wieder – wenn sich die Zeit völlig verändert hat – zu ihrer Aushöhlung und Auflösung. Man kann sich fragen, ob wir vielleicht in einer solchen Zeit leben.

Man beklagt ja allgemein ein Orientierungsvakuum, also daß wir trotz und zum Teil auch wegen aller Globalisierung in einer religiös-politisch zerrissenen, kriegerisch-konfliktreichen und zugleich einer orientierungsarmen Zeit leben – in einer Zeit, in der viele moralische Autoritäten an Glaubwürdigkeit verloren haben; in einer Zeit, in der viele Institutionen in den Strudel tiefgreifender Identitätskrisen gezogen sind; in einer Zeit, in der viele Maßstäbe und Normen ins Gleiten kamen, so daß viele gerade auch junge Menschen kaum noch wissen, was in den verschiedenen Lebensbereichen gut und was böse ist.

Wer wollte also bestreiten, daß ein neuer ethischer Gesellschaftskonsens notwendig ist: eine Rückbesinnung auf ein Minimum an humanen Werten und Standards. Dafür sind alle geistigen Ressourcen der Menschheit zu nutzen, die religiösen und die philosophischen Traditionen, wie dies bei der Formulierung der genannten Weltethos-Erklärungen geschehen ist. Keine einzige Religion oder Philosophie kann ihre spezifischen Werte und Standards den anderen aufzwingen. Aber jede Religion oder Philosophie kann aus ihrem geistigen Fundus zu einem neuen ethischen Gesellschaftskonsens beitragen.

Es gibt deshalb zu besonderer Hoffnung Anlaß, daß die Weltethos-Idee von höchsten kirchlichen Stellen rezipiert wird und sich darin eine Übereinstimmung zwischen den christlichen Kirchen abzeichnet:

- Der Vorsitzende des Ökumenischen Rates der Kirchen, Katholikos Aram I., erklärte in seinem Rechenschaftsbericht auf der 8. Vollversammlung in Harare 1998: »Wir sind der Entwicklung einer grundlegenden gemeinsamen Ethik verpflichtet, die die Gesellschaften von bloßer Existenz zu sinnvoller Koexistenz führen kann, von Konfrontation zu Versöhnung, vom Niedergang der ethisch-moralischen Werte zur Wiederherstellung der Lebensqualität, die dem menschlichen Leben seine Transzendenz zurückbringt. Die globale Kultur muß von einer globalen Ethik untermauert werden, die die Beziehungen der Nationen untereinander und mit der Schöpfung trägt und ihnen hilft, gemeinsam an einer echten Weltgemeinschaft zu arbeiten. Eine solche globale Ethik, zu der die Idee aus dem Jahre 1993 vom Parlament der Weltreligionen stammt, sollte nicht die westliche christliche Ethik widerspiegeln; sie muß auf einer Vielzahl von Erfahrungen und Überzeugungen beruhen. Die Kirche sollte, gemeinsam mit anderen Religionen, eine globale Ethik anstreben, die auf gemeinsamen ethischen Werten, die über die religiösen Glaubensüberzeugungen und engen Definitionen nationaler Interessen hinausgehen, basiert. Die Menschenrechte müssen von ethischen Grundsätzen getragen werden. Daher ist der Dialog zwischen den Religionen und Kulturen die entscheidende Grundlage für mehr Solidarität im Ringen um Gerechtigkeit und Frieden,

Menschenrechte und Würde. Die Religionen müssen zusammenarbeiten, um festzustellen, wo und wie sie sich gemeinsam für die Verwirklichung der Menschenrechte einsetzen können.«

– Papst Johannes Paul II. erklärte in seiner Ansprache an die päpstliche Akademie der Sozialwissenschaften vom 27. April 2001 im Kontext der auch für ihn ambivalenten Globalisierung: »Da sich die Menschheit auf den Weg der Globalisierung gemacht hat, kann sie nicht länger ohne einen gemeinsamen ethischen Code auskommen. Damit ist nicht ein einziges dominantes sozio-ökonomisches System oder Kultur gemeint, die ihre Werte und Kriterien dem ethischen Diskurs aufdrängt. Im Menschen als solchem, in der universalen Menschheit, wie sie aus der Hand des Schöpfers hervorging, müssen die Normen des sozialen Lebens gesucht werden. Solch eine Suche ist unumgänglich, wenn Globalisierung nicht nur ein anderer Name für die absolute Relativierung von Werten und die Homogenisierung von Lebensstilen und Kulturen sein soll. In all der Vielfalt kultureller Formen existieren universale menschliche Werte, und diese Werte müssen ans Licht gebracht und als leitende Kraft für jegliche Entwicklung und allen Fortschritt betont werden.«

Welches also sind die übergreifenden humanen Werte und Standards, die heute als universal geltend angesehen werden können? Aufgrund der bisherigen Erklärungen zum Weltethos hat sich herausgestellt:

– Allen anderen Werten zugrundeliegende ethische Prinzipien sind:
  • Menschlichkeit und Gegenseitigkeit.
– Auf ihnen gründen folgende Werte und Standards:
  • Ehrfurcht vor dem Leben und Gewaltlosigkeit,
  • Solidarität und Gerechtigkeit,
  • Toleranz und Wahrhaftigkeit,
  • Gleichberechtigung und Partnerschaft.

Auf der folgenden Tafel werden diese humanen Werte und Standards durch Texte aus der Weltethos-Erklärung des Parlaments der Weltreligionen erläutert.

Wertetafel

Auf der Basis von Zitaten aus der »Erklärung zum Weltethos« des Parlaments der Weltreligionen, Chicago 1993

Basiswerte

Menschlichkeit

Angesichts aller Unmenschlichkeit sollte als gemeinsames ethisches Prinzip gelten: *Jeder Mensch muß menschlich behandelt werden!* Das heißt: Jeder Mensch – ohne Unterschied von Alter, Geschlecht, Rasse, Hautfarbe, körperlicher oder geistiger Fähigkeit, Sprache, Religion, politischer Anschauung, nationaler oder sozialer Herkunft – besitzt eine unveräußerliche und unantastbare Würde. Alle, der einzelne wie der Staat, sind deshalb verpflichtet, diese Würde zu achten und ihnen wirksamen Schutz zu garantieren. Statt die wirtschaftliche und politische Macht in rücksichtslosem Kampf zur Herrschaft zu mißbrauchen, ist sie zum Dienst an den Menschen zu gebrauchen.

Gegenseitigkeit

Es gibt ein Prinzip, das seit Jahrtausenden in vielen religiösen und ethischen Traditionen der Menschheit zu finden ist und sich bewährt hat: *Was du nicht willst, das man dir tut, das füg' auch keinem anderen zu.* Oder positiv: *Was du willst, das man dir tut, das tue auch den anderen!* Dies sollte die unverrückbare, unbedingte Norm für alle Lebensbereiche sein, für Familie und Gemeinschaften, für Rassen, Nationen und Religionen.

Kernwerte

Ehrfurcht vor dem Leben

Die menschliche Person ist unendlich kostbar und unbedingt zu schützen. Aber auch das Leben der Tiere und Pflanzen, die mit uns diesen Planeten bewohnen, verdient Schutz, Schonung und Pflege. Als Menschen haben wir – gerade auch im Blick auf künftige Generationen – eine besondere Verantwortung für den Planeten Erde und den Kosmos, für Luft, Wasser und Boden. Wir alle sind in diesem Kosmos miteinander verflochten und voneinander abhängig. Jeder von uns hängt ab vom Wohl des Ganzen. Jeder Mensch hat das Recht auf Leben, körperliche Unversehrtheit und

freie Entfaltung der Persönlichkeit, soweit er nicht die Rechte anderer verletzt. Kein Mensch hat das Recht, einen anderen Menschen physisch oder psychisch zu quälen, zu verletzen, gar zu töten.
Gewaltlosigkeit
Wo es Menschen gibt, wird es Konflikte geben. Solche Konflikte aber sollten grundsätzlich ohne Gewalt im Rahmen einer Rechtsordnung gelöst werden. Das gilt für den einzelnen wie für die Staaten. Gerade die politischen Machthaber sind aufgefordert, sich an die Rechtsordnung zu halten und sich für möglichst gewaltlose, friedliche Lösungen einzusetzen. Sie sollten sich engagieren für eine internationale Friedensordnung, die ihrerseits des Schutzes und der Verteidigung gegen Gewalttäter bedarf.
Solidarität
Kein Mensch hat das Recht, sein Eigentum ohne Rücksicht auf die Bedürfnisse der Gesellschaft und der Erde zu gebrauchen. Eigentum, es sei noch so wenig, verpflichtet. Sein Gebrauch soll zugleich dem Wohl der Allgemeinheit dienen. Die Menschheit muß einen Geist des Mitleids mit den Leidenden entwickeln und besondere Sorge tragen für die Armen, Behinderten, Alten, Flüchtlinge und Einsamen.
Gerechtigkeit
Die Strukturen der Weltwirtschaft müssen gerechter gestaltet werden. Individuelle Wohltätigkeit und einzelne Hilfsprojekte, so unverzichtbar sie sind, reichen nicht aus. Es braucht die Partizipation aller Staaten und die Autorität der internationalen Organisationen, um zu einem gerechten Ausgleich zu kommen. Es ist jedenfalls zu unterscheiden zwischen einem notwendigen und einem hemmungslosen Konsum, zwischen einem sozialen und einem unsozialen Gebrauch des Eigentums, zwischen einer gerechtfertigten und einer ungerechtfertigten Nutzung der natürlichen Ressourcen, zwischen einer rein kapitalistischen und einer sozial wie ökologisch orientierten Marktwirtschaft.
Toleranz
Kein Volk, kein Staat, keine Rasse, keine Religion hat das Recht, eine andersartige oder andersgläubige Minderheit zu diskriminieren, zu »säubern«, zu exilieren, gar zu liquidieren. Jedes Volk soll dem anderen, jede

Rasse soll der anderen, jede Religion soll der anderen Toleranz, Respekt, gar Hochschätzung entgegenbringen. Minderheiten – sie seien rassischer, ethnischer oder religiöser Art – bedürfen unseres Schutzes und unserer Förderung.
Wahrhaftigkeit
Jeder Mensch soll Wahrhaftigkeit in Denken, Reden und Tun an den Tag legen. Jeder Mensch hat das Recht auf die notwendige Information, um die für sein Leben grundlegenden Entscheidungen treffen zu können. Ohne eine ethische Grundorientierung freilich vermag er kaum das Wichtige vom Unwichtigen zu unterscheiden. Freiheit soll nicht mit Willkür und Pluralismus nicht mit Beliebigkeit verwechselt werden, sondern es soll der Wahrheit Geltung verschafft werden. Der Geist der Wahrhaftigkeit soll auch in den alltäglichen Beziehungen zwischen Mensch und Mensch gepflegt werden, statt in Unehrlichkeit, Verstellung und opportunistischer Anpassung zu leben. Die Wahrheit ist in unbestechlicher Wahrhaftigkeit immer neu zu suchen, statt ideologische oder parteiische Halbwahrheiten zu verbreiten.
Gleichberechtigung
Die Beziehung zwischen Mann und Frau sollte nicht durch Bevormundung oder Ausbeutung bestimmt sein, sondern durch Liebe, Partnerschaftlichkeit und Verläßlichkeit. Überall auf der Welt gibt es verdammenswerte Formen des Patriarchalismus, der Vorherrschaft des einen Geschlechtes über das andere, der Ausbeutung von Frauen, des sexuellen Mißbrauchs von Kindern sowie der erzwungenen Prostitution. Kein Mensch hat das Recht, einen anderen zum bloßen Objekt seiner Sexualität zu erniedrigen, ihn in sexuelle Abhängigkeit zu bringen oder zu halten.
Partnerschaft
Partnerschaft drückt sich aus in gegenseitiger Achtung und Verständnis, gegenseitiger Rücksicht, Toleranz, Versöhnungsbereitschaft und Liebe. Auf der Ebene der Nationen und Religionen kann nur praktiziert werden, was auf der Ebene der persönlichen und familiären Beziehungen bereits gelebt wird.

Abbildung 3: Werte und Standards

6. Ethisch fundierte Geschäftsführung

Es soll mit all dem kein sachfremder Moralismus vertreten werden, also gerade keine der Wirtschaft deduktiv übergestülpte, vielmehr eine sich von den wirtschaftlichen Prozessen her aufdrängende Ethik. Ökonomie und Ethos schließen sich gegenseitig nicht aus, wie in diesem Symposion immer wieder betont wurde. Keine Ethik kann verlangen, daß ein Unternehmer dauerhaft und systematisch gegen seine eigenen Interessen handelt. Vielmehr hat eine ethisch fundierte Geschäftsführung heute mehr Chancen, da die Öffentlichkeit auf die Problematik der Moral in der Wirtschaft aufmerksam geworden ist und oft geradezu allergisch auf ethisch fragliches Verhalten reagiert.

Natürlich ist es eine nicht leicht zu beantwortende Frage, wie gerade unter rationalen Kosten-Nutzen-Kriterien das Verhalten von Unternehmen nach ethischen Standards sinnvoll und empfehlenswert ist. Diese Frage hat ein Vertreter der Wirtschaft, *Dr. Wolfram Freudenberg,* Mitglied unseres Stiftungskuratoriums, auf dem Symposion kurz reflektiert und uns nachher schriftlich zur Verfügung gestellt. Ich gebe sein Statement hier mit leichten redaktionellen Veränderungen wieder:

1. Einwände

Trotz zunehmender Akzeptanz ethischer Standards für Unternehmen werden häufig Zweifel in bezug auf ihre Vorteilhaftigkeit geäußert. Diese Zweifel beziehen sich meist auf den extremen internen und externen Wettbewerb und das Primat von Effizienz- und Profitstreben (»Man muß mit den Wölfen heulen«). In der Regel wird argumentiert:

- Man darf doch gegenüber unterschiedlichen Sitten und Gebräuchen Toleranz zeigen, ja sich ihnen anpassen (vor allem wenn es nützlich ist).
- Wenn man auf zu hohen ethischen Standards beharrt, verliert man gegen skrupellosere Wettbewerber.
- Bei zu hohen ethischen Standards wird das Management tendenziell risikoscheuer (keine Gefährdung der eigenen Karriere!), anstatt nach unkonventionellen und neuen Lösungen zu suchen.

2. Vorteile

Warum ist die Formulierung und Durchsetzung von ethischen Standards (oder Leitlinien, Codes of Conduct) vorteilhaft? Kernthesen:

- Das Profitstreben wird ethischen und nicht einseitig geschäftsbezogenen Restriktionen unterworfen. Damit gewinnen langfristige Ziele tendenziell Gewicht gegen kurzfristige. Man vermeidet negative öffentliche Meinung und erhöht die Chancen gesellschaftlicher Akzeptanz.
- Man verbessert die Voraussetzungen für koordiniertes, berechenbares Verhalten in der kulturellen und sozialen Vielfalt, welche für die Arbeit eines globalen Unternehmens typisch ist. Man erhöht die Stabilität und Konsistenz von komplexen Einheiten, die – bedingt durch Größe und Vielfalt – meistens dezentral organisiert und geführt werden.
- Man findet für das Unternehmen eine Art kultureller Identität, eine der Voraussetzungen für Zusammenhalt und Loyalität.
- Man baut ein internes und externes Klima von Zuverlässigkeit und Vertrauen auf und vermeidet so die Risiken von Erpreßbarkeit und Abhängigkeiten.

3. Inhalte

Welches sind (in der Regel) die zentralen Inhalte solcher Unternehmensleitlinien?

- Allgemeine ethische Standards (Bestechlichkeit, Regeln zur Lösung von Interessenkonflikten, Wahrung von Vertraulichkeit, Regeln bei Ausübung politischer Aktivitäten, Beachtung der Menschenrechte etc.).
- Akzeptanz von Gesetzen und Regulierungen (z.B. »Antitrust«, Bestechlichkeit, allgemeine »Political Correctness«).
- Umweltschutzthemen.
- Umgang mit Mitarbeitern (Arbeitszeiten, Kinderarbeit, Zwangsarbeit, Diskriminierung, Sicherheitsvorschriften, Gesundheit etc.).

4. Nutzeffekte

Was sind konkrete Nutzeffekte, welche die Wettbewerbsstellung eines Unternehmens positiv beeinflussen können?

- Die Umsetzung ethischer Standards betont langfristig ausgerichtete Ziele. Damit konzentriert sich das Management stärker auf fundamentale und strategische Interessen des Unternehmens. Gewisse Abkehr von hektischer Tagesaktualität.
- Attraktivität für qualifiziertes Personal mit nicht nur fachlicher, sondern auch sozialer Kompetenz.
- Positiver Einfluß auf Kursentwicklung und Aktionärsstruktur. Von den USA ausgehend ist ein Trend zugunsten ethisch-ökologischer Kapitalanlagen entstanden, z.B. seit 1999 der »Dow Jones Sustainability Group Index« zur Schaffung von mehr Transparenz und Interesse der Öffentlichkeit an ethisch-ökologischen Fragen (Analysten, Presse, institutionelle Kapitalanleger). Derzeitige Nachteile: aufwendiges Research, bei zu kritischem Ansatz erheblich eingeschränktes Anlageuniversum, geringere Liquidität, Rendite- und Performanceerfahrungen sind noch widersprüchlich.
- Stabilität und Zuverlässigkeit von Geschäftsbeziehungen zu Lieferanten und Abnehmern, die nach ähnlichen Prinzipien arbeiten.
- Bei gutem Image des Unternehmens und glaubwürdigem, längerfristigem Bekenntnis zu ethischen Standards ist ein verbesserter Umgang mit ökologisch und politisch heiklen Projekten zu erwarten.

5. Fazit

Aus all dem ergibt sich, daß es einen positiven Zusammenhang gibt zwischen ethischen Standards und

- langfristiger Performance des Unternehmens,
- gesellschaftspolitischer Akzeptanz und Image,
- Produktqualität,
- Gewinnung guter Mitarbeiter.

Diese Strategie steht in Übereinstimmung mit den Prinzipien der sozialen Marktwirtschaft. Denn diese bedeutet:
- Freiheit und Verantwortung,
- Langfristigkeit,
- ausgewogene Interessennahme der wichtigsten »Stakeholders«: Mitarbeiter und Management, Anteilseigner/Aktionäre, Kunden und Lieferanten, Gesellschaft und Umwelt.

7. Ethische Kompetenz

Nur wer selbst über ein Ethos verfügt, kann anderen, wie es starke Führung erfordert, klare Orientierungsmarken setzen: durch alle verpflichtende Werte, durch Vorgabe von Zielen, konsequentes Einhalten von Maßstäben sowie das Vorleben einer ganz bestimmten Haltung. Oder wie ich es einmal von einem anderen Stiftungskurator, dem höchst erfolgreichen Chef eines globalen Unternehmens, Prof. Reinhold Würth, hörte: Ob ein Unternehmen mehr im Stil einer großen Familie oder einer streng rationalen Organisation oder einer monarchischen Hierarchie geführt werde, entscheidende Voraussetzung für sein Überleben und seinen Erfolg auf Dauer sei nun einmal die »Integrität«, die ganz konkret meint, daß man sich in jeder Hinsicht auf die Firma verlassen kann, daß man nie hinters Licht geführt, belogen, über den Tisch gezogen wird, sondern sich bei aller Geschäftstüchtigkeit stets anständig und redlich behandelt und bedient sieht. Daß sich unmoralische Geschäftsführung langfristig nicht auszahlt, habe ich meinerseits schon in meinem einleitenden Exposé ausgeführt.

Die Unternehmensführung sollte darauf hinwirken, daß die Frage des Ethos, die bei ihren Führungskräften oft nur latent und diffus vorhanden ist, bewußt reflektiert wird. Und dies im Bewußtsein, daß es auch in der heutigen Unternehmensführung noch immer stark vom einzelnen und natürlich vom Geschäftsführer und vom Vorstand abhängt, was für ein Geist in einem Unternehmen herrscht. Und deshalb hier im Bild eine Skizze dessen, was bei aller vorausgesetzten wirt-

Führungsstärke durch Kompetenz

Ethische Rahmenbedingungen vom Subjekt her gesehen

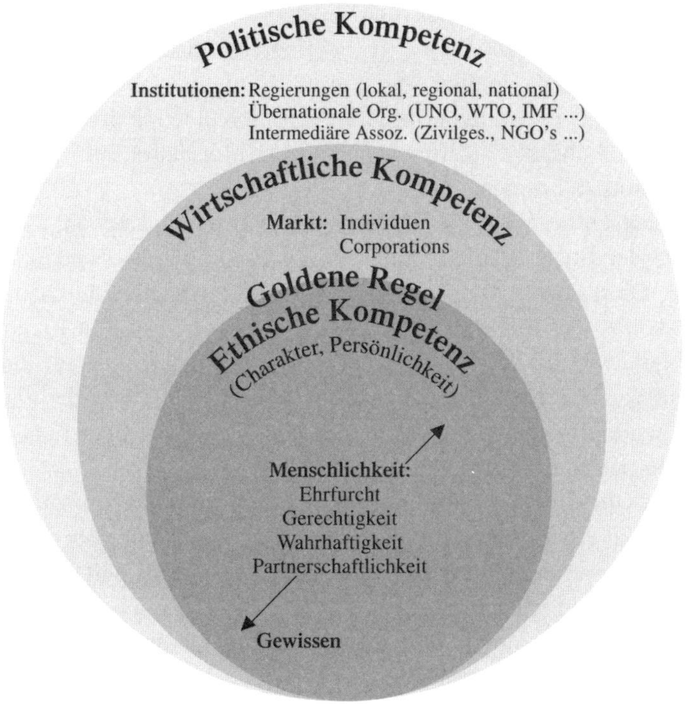

Ethos = Innere sittliche Haltung
aufgrund bestimmter
Grundwerte und Grundnormen

Abbildung 4: Führungsstärke durch Kompetenz

schaftlichen und politischen Kompetenz eines Wirtschaftsführers die ethische Kompetenz ausmacht.

Wer ein großes und manchmal schwerfälliges Schiff bei schlechter Sicht durch stürmische See steuern muß – und immer wieder passieren Navigationsfehler mit hohen Verlusten an Menschenleben und Umweltschäden –, hat heutzutage für alle Meß- und Rechnungsvorgänge Navigationsinstrumente an Bord, um in optimaler Weise die Schiffsbewegung zu planen und zu überwachen, damit das Schiff möglichst schnell, möglichst treibstoffsparend und möglichst sicher sein Ziel erreicht. Heutige »integrierte« Navigation setzt sogar mehr Meßgeräte als unbedingt erforderlich ein, um eine maximale Genauigkeit und Sicherheit zu erreichen und jede Information sofort auf den Bildschirm zu bringen.

Aber auch der modernst ausgerüstete Navigator, Kapitän, Steuermann oder Lotse ist noch immer angewiesen auf eine Navigationskarte. Diese wird von unveränderlichen Koordinaten durchzogen, wird von einem Maßstab bestimmt und von der Nord-Süd-Richtung markiert, wie sie der Kompaß unverrückbar angibt. Nur auf dieser Grundlage lassen sich der augenblickliche Standort und der einzuschlagende Kurs eindeutig bestimmen und die notwendigen Entscheidungen richtig treffen.

Dieses Bild dürfte ohne lange Erklärung zu verstehen sein. Wer heutzutage ein globales Unternehmen (angesichts einer noch erheblich unsichereren Zukunft als in meinem Exposé analysiert) durch die Stürme der Globalisierung zu steuern hat, wer nicht nur eine Ressortverantwortung, sondern möglicherweise die Gesamtverantwortung für den Kurs des Unternehmens hat, wo bei der Komplexität der Details Navigationsfehler besonders ins Gewicht fallen – ein solcher verfügt auf seiner »Kommandobrücke« ebenfalls über eine Fülle technischer, finanzieller und organisatorischer Informationen und Hilfen, um immer wieder eine richtige Positions- und Kursbestimmung vorzunehmen. Ja, ihm wird oft das Projekt mit den verschiedenen Optionen – untermauert durch Statistiken, Graphiken und Prognosen – auf die Leinwand geworfen und zur Entscheidung vorgelegt. Und es braucht für solcherart Entscheidung ohne Zweifel analytische Fähigkeiten, Entscheidungskraft und Durchsetzungsvermögen, um in oft kürzester Zeit komplexe Zusammenhänge zu durchschauen und Mitarbeiter wie Ressourcen angemessen einzusetzen.

Doch auch bei der Führung eines Unternehmens braucht es über das technische und organisatorische Instrumentarium und die solide psychische Konstitution hinaus – um mein Bild wieder aufzunehmen:

1. eine klare Zielbewußtheit: Gemeint ist ein Wissen um das Endziel der Unternehmensführung, das angesteuert wird und das nicht nur der notwendige Unternehmensgewinn und das Wohlergehen der Shareholder ist, sondern das Wohlergehen aller Stakeholder, Akteure, Beteiligten, also auch der Kunden, Mitarbeiter und Lieferanten, aller, die im Unternehmen und in der Umwelt des Unternehmens ihren »Stake«, ihren »Einsatz« einbringen. Ja, der unternehmerische Zielpunkt sollte im gesamtgesellschaftlichen Horizont gesehen werden, der Wohlergehen von Volkswirtschaft, Staat und Gesellschaft umfaßt, die vom globalen Unternehmen erwarten, daß es in vielfältiger Weise (etwa durch Arbeitsplätze, Steuerzahlungen, Kulturförderung) zur Förderung des Gemeinwohls beiträgt;
2. eine Navigationskarte: Gemeint ist ein Orientierungswissen, das mehr ist als reines Informationswissen, das in ganzheitlicher Sichtweise den Überblick bewahrt und eine realistische Kursbestimmung ermöglicht;
3. ein Koordinatensystem: Gemeint sind unveränderliche ethische Standards, die global gelten (was man keinesfalls tun darf oder in jedem Fall tun muß, sei es in Deutschland oder den USA, in Japan, Indien oder Afrika) sowie sozusagen als Maßstab der Maßstäbe das Prinzip der Humanität, verbunden mit der Goldenen Regel;
4. einen Kompaß: Gemeint ist ein auch bei Erschütterungen und Richtungsänderungen (Fusionen, Übernahmen, Verschlankungen, Auslagerungen, Mißmanagement) unbestechlich funktionierendes

Gewissen, das bei den gewichtigen Entscheidungen in der harten Realität des Geschäftsalltags schließlich den Ausschlag gibt.

Zielbewußtheit, Orientierungswissen, ethische Maßstäbe und innerer Kompaß: Dies alles sind Strukturelemente des Ethos – nicht der Ethik als Lehre, sondern des Ethos als innere sittliche Haltung.

8. Wie soll ein Weltethos sich durchsetzen?

So wird man immer wieder gefragt, und das gewiß nicht nur von Skeptikern. Antwort: Nicht anders als die Forderungen des UN Global Compact, die jetzt zumindest als Forderungen UNO-Rang erhalten haben. Doch welch langen Bewußtseinsprozeß hat es gebraucht, bis Menschenrechte, humane Arbeitsbedingungen und Umweltforderungen UNO-Niveau erreicht haben. In allen diesen Fragen, ähnlich wie in Fragen von Frieden und Abrüstung sowie Partnerschaft von Mann und Frau, bedurfte es eines sehr komplexen und langandauernden Prozesses der Bewußtseinsveränderung, die als solche ja schon Voraussetzung ist für eine Änderung des Bewußtseins der Menschheit zu einem Menschheitsethos überhaupt.

Und viele können da mithelfen: Vordenker, Aktivisten und Initiativgruppen, aber nicht weniger die zahllosen Lehrer und Lehrerinnen, vom Kindergarten angefangen bis zum Gymnasium, die sich schon jetzt einsetzen für ein neues Verständnis der Weltreligionen, des Weltfriedens und des Weltethos. Um des friedlichen Zusammenlebens der Menschheit willen, und zwar auf lokaler Ebene (in zahllosen »multikulturellen« und »multireligiösen« Städten) wie globaler Ebene (im Zeichen von Weltkommunikation, Weltwirtschaft, Weltökologie und Weltpolitik), ist die Besinnung auf das allen Menschen Gemeinsame im Ethos mehr denn je geboten.

Vom einzelnen also hängt es ab, was in seinem kleinen oder größeren Lebensraum geschieht, von ihm und seiner Motivation. Als ich damals den großherzigen Gründer unserer Stiftung Weltethos, Graf von der Groeben, nach der Motivation seines Einsatzes fragte, griff er zu seinem Portemonnaie und zeigte mir einen kleinen vergilbten Zettel, auf dem ein Wort Mahatma Gandhis von den »Sieben *sozialen Sünden* in der heutigen Welt« stand, die lauten:

Reichtum ohne Arbeit,
Genuß ohne Gewissen,
Wissen ohne Charakter,
Geschäft ohne Moral,
Wissenschaft ohne Menschlichkeit,
Religion ohne Opfer und
Politik ohne Prinzipien.

Dankeswort

Graf Karl Konrad von der Groeben

Verehrte, liebe Teilnehmer dieser heutigen Tagung! Auch ich möchte Ihnen zum Abschluß sehr herzlich danken, daß Sie sich Zeit genommen haben, zu uns zu kommen, um hier miteinander »global« über die Möglichkeiten und die Notwendigkeit von »Ethos« im heutigen Wirtschaftsleben Ihre Standpunkte darzulegen und zu diskutieren.

Unsere Stiftung »Weltethos« wurde 1995 in einem Festakt in der Aula der Tübinger Universität in Anwesenheit des Ministerpräsidenten Erwin Teufel gegründet. Hier entstand der schöne Ausspruch von Hans Küng: »Die Stiftung ist mir vom Himmel gesandt und vom Teufel übergeben worden.«

Dank der charismatischen Ausstrahlung von Hans Küng und der intensiven Arbeit seines kleinen, aber einsatzfreudigen Teams ist die Arbeit und der Einfluß der Stiftung in dieser kurzen Zeit »global« gewachsen. Sicher wird heutzutage überall mehr über Ethik gesprochen und geschrieben als früher. Zeigt das vielleicht, daß eben Ethik in unserem härter gewordenen Berufsleben von dem Einsatz unserer Ellenbogen abgelöst wurde? Hierüber sollten wir sicher nachdenken und »steuern«, soweit wie möglich. Dies ist eine der großen Aufgaben unserer Stiftung.

Es ist Ihnen sicher bekannt, daß nach unserem Stiftungsrecht das Stiftungskapital nicht angetastet werden darf. Zur Ausschüttung kommen nur die Einnahmen aus diesem konventionell angelegten Vermögen nach Bildung von ebenfalls vorgeschriebenen Rücklagen.

Zur Zeit können von diesen Einnahmen und den uns gelegentlich zufließenden freundlichen Spenden – auch von hier anwesenden Teilnehmern – nur die Gehälter und allgemeinen Kosten (Porto, Versandspesen, Honorare, Reisen etc.) gedeckt werden. Die Arbeit und die Aufgaben werden aber laufend größer, und für all unsere Projekte brauchen wir eigene Mittel.

Zu unserer großen Freude hat uns der hier anwesende Herr Udo Keller eine »Zustiftung« von einer Million DM gemacht, eine wirklich große Hilfe, für die wir ihm sehr dankbar sind!

Nun kommt zum Schluß meine Frage und Bitte an Sie alle: Gibt es in Ihrem Bekannten- und Freundeskreis Menschen, die sich für die Arbeit der Stiftung interessieren und die uns »Zustiftungen« oder auch »Spenden« zukommen lassen möchten? Unser Spendenkonto lautet: Deutsche Bank Tübingen (BLZ 640 700 85), Kontonummer: 12 12 620.

Es ist in unserem Lande sehr viel privates Geldvermögen vorhanden, und manch einer, dessen Kinder versorgt sind oder der alleine lebt, wäre bereit, unsere Arbeit zu unterstützen, wenn er davon zu hören bekäme.

Bitte fassen Sie meine Worte nicht als »Bettelei« auf, besonders weil einige von Ihnen uns schon oft und großzügig geholfen haben und weiter unterstützen. Aber zur Verwirklichung der großen Ziele der Stiftung brauchen wir weitere Förderer unter all denen, die die Wichtigkeit des »Ethos« als Gegensatz zur »Ellenbogengesellschaft« bejahen.

Ich bitte daher um Ihr wohlwollendes »Nachdenken«. Herzlichen Dank, daß Sie bei uns waren.

Dokumente

Erklärung zum Weltethos

verabschiedet vom 2. Parlament der Weltreligionen Chicago/USA, 4. September 1993

Überblick

Einführung: Die Prinzipien eines Weltethos

I. Keine neue Weltordnung ohne ein Weltethos

II. Grundforderung: Jeder Mensch muß menschlich behandelt werden

III. Vier unverrückbare Weisungen

1. Verpflichtung auf eine Kultur der Gewaltlosigkeit und der Ehrfurcht vor allem Leben
2. Verpflichtung auf eine Kultur der Solidarität und eine gerechte Wirtschaftsordnung
3. Verpflichtung auf eine Kultur der Toleranz und ein Leben in Wahrhaftigkeit
4. Verpflichtung auf eine Kultur der Gleichberechtigung und die Partnerschaft von Mann und Frau

IV. Wandel des Bewußtseins

III. 2. Verpflichtung auf eine Kultur der Solidarität und eine gerechte Wirtschaftsordnung

Ungezählte Menschen bemühen sich in allen Regionen und Religionen um Solidarität füreinander und um ein Leben in Arbeit und treuer Berufserfüllung. Und doch gibt es in der Welt von heute unendlich viel Hunger, Armut und Not. Schuld daran trägt nicht bloß der einzelne. Schuld daran sind oft auch ungerechte gesellschaftliche Strukturen: Millionen von Menschen sind ohne Arbeit, Millionen werden durch schlecht bezahlte Arbeit ausgebeutet, an den Rand der Gesellschaft gedrängt und um ihre Lebenschancen gebracht. Ungeheuer sind in vielen Ländern die Unterschiede zwischen Armen und Reichen, zwischen Mächtigen und Ohnmächtigen. In einer Welt, in welcher sowohl ein ungezügelter Kapitalismus als auch ein totalitärer Staatssozialismus viele ethische und spirituelle Werte ausgehöhlt und zerstört haben, konnten sich Profitgier ohne Grenzen und Raffgier ohne Hemmungen ausbreiten, aber auch ein materialistisches Anspruchsdenken, welches ständig mehr vom Staat fordert, ohne sich selber zu mehr zu verpflichten. Nicht nur in den Entwicklungsländern, auch in den Industrieländern hat sich die Korruption zu einem Krebsübel der Gesellschaft entwickelt.

A. Aus den großen alten religiösen und ethischen Traditionen der Menschheit aber vernehmen wir die Weisung: *Du sollst nicht stehlen!* Oder positiv: *Handle gerecht und fair!* Besinnen wir uns also wieder neu auf die Konsequenzen dieser uralten Weisung: Kein Mensch hat das Recht, einen anderen Menschen – in welcher Form auch immer – zu bestehlen oder sich an dessen Eigentum oder am Gemeinschaftseigentum zu vergreifen. Umgekehrt aber hat auch kein Mensch das Recht, sein Eigentum ohne Rücksicht auf die Bedürfnisse der Gesellschaft und der Erde zu gebrauchen.

B. Wo äußerste Armut herrscht, da machen sich Hilflosigkeit und Verzweiflung breit, da wird um des Überlebens willen auch immer wieder gestohlen werden. Wo Macht und Reichtum rücksichtslos angehäuft werden, da werden bei den Benachteiligten und Marginalisierten unvermeidlich Gefühle des Neides, des Ressentiments, ja des tödlichen Hasses und der Rebellion geweckt. Dies aber führt zu einem Teufelskreis von Gewalt und Gegengewalt. Niemand täusche sich: Es gibt keinen Weltfrieden ohne Weltgerechtigkeit!

C. Deshalb sollten schon junge Menschen in Familie und Schule lernen, daß Eigentum, es sei noch so wenig, verpflichtet. Sein Gebrauch soll zugleich dem Wohl der Allgemeinheit dienen. Nur so kann eine *gerechte Wirtschaftsordnung* aufgebaut werden.

D. Doch wenn sich die Lage der ärmsten Milliarde Menschen auf diesem Planeten, darunter besonders die der Frauen und Kinder, entscheidend verändern soll, so müssen die Strukturen der Weltwirtschaft gerechter gestaltet werden. Individuelle Wohltätigkeit und einzelne Hilfsprojekte, so unverzichtbar sie sind, reichen nicht aus. Es braucht die Partizipation aller Staaten und die Autorität der internationalen Organisationen, um zu einem gerechten Ausgleich zu kommen.

Die Schuldenkrise und die Armut der sich auflösenden Zweiten und erst recht der Dritten Welt müssen einer für alle Seiten tragbaren Lösung entgegengeführt werden. Gewiß: Interessenkonflikte sind auch künftig unvermeidlich. In den entwickelten Ländern ist jedenfalls zu unterscheiden zwischen einem notwendigen und einem hemmungslosen Konsum, zwischen einem sozialen und einem unsozialen Gebrauch des Eigentums, zwischen einer gerechtfertigten und einer ungerechtfertigten Nutzung der natürlichen Ressourcen, zwischen einer rein kapitalistischen und einer sozial wie ökologisch orientierten Marktwirtschaft. Auch die Entwicklungsländer bedürfen der nationalen Gewissenserforschung.

Überall gilt: Wo die Herrschenden die Beherrschten, die Institutionen die Personen, die Macht das Recht erdrücken, ist Widerstand – wo immer möglich gewaltlos – angebracht.

E. Wahrhaft menschlich sein heißt im Geist unserer großen religiösen und ethischen Traditionen das Folgende:

- Statt die wirtschaftliche und politische Macht in rücksichtslosem Kampf zur Herrschaft zu mißbrauchen, ist sie zum *Dienst an den Menschen* zu gebrauchen. Wir müssen einen Geist des Mitleids mit den Leidenden entwickeln und besondere Sorge tragen für die Armen, Behinderten, Alten, Flüchtlinge, Einsamen.
- Statt eines puren Machtdenkens und einer hemmungslosen Machtpolitik soll im unvermeidlichen Wettbewerb der *gegenseitige Respekt*, der vernünftige Interessenausgleich, der Wille zur Vermittlung und zur Rücksichtnahme herrschen.
- Statt einer unstillbaren Gier nach Geld, Prestige und Konsum ist wieder neu der *Sinn für Maß und Bescheidenheit* zu finden! Denn der Mensch der Gier verliert seine »Seele«, seine Freiheit, seine Gelassenheit, seinen inneren Frieden und somit das, was ihn zum Menschen macht.

Allgemeine Erklärung der Menschenpflichten

Vorgeschlagen vom InterAction Council
1. September 1997

Einleitende Bemerkungen

Globalisierung der Weltwirtschaft wird von globalen Problemen begleitet, und globale Probleme erfordern globale Lösungen auf der Basis von Ideen, Werten und Normen, die von allen Kulturen und Gesellschaften respektiert werden. Anerkennung gleicher und unveräußerlicher Rechte aller Menschen erfordert eine Basis von Freiheit, Gerechtigkeit und Frieden – dies aber erfordert ebenso, daß Rechten und Pflichten die gleiche Bedeutung gegeben wird, um eine ethische Basis zu errichten, damit alle Männer und Frauen friedlich zusammenleben und ihre Potentiale zur Erfüllung bringen können. Eine bessere soziale Ordnung im nationalen und internationalen Rahmen kann nicht durch Gesetze, Vorschriften und Konventionen allein erreicht werden, sondern braucht ein Weltethos. Menschliches Streben nach Fortschritt kann nur verwirklicht werden durch gemeinsame Werte und Standards, die von allen Menschen und Institutionen jederzeit angewandt werden.

1998 ist der 50. Jahrestag der Allgemeinen Erklärung der Menschenrechte, die von den Vereinten Nationen angenommen wurde. Dieser Jahrestag wäre eine günstige Zeit, eine Allgemeine Erklärung der Menschenpflichten anzunehmen, welche die Menschenrechtserklärung ergänzen und stärken und eine Hilfe sein würde, um eine bessere Welt heraufzuführen.

Der folgende Entwurf menschlicher Pflichten versucht Freiheit und Verantwortung in ein Gleichgewicht zu bringen und ein Umdenken zu bewirken, von der Freiheit der Indifferenz hin zur Freiheit des Engagements. Wenn eine einzelne Person oder Regierung größtmögliche Freiheit anstrebt, dies aber auf Kosten anderer tut, werden zahlreiche

Menschen darunter leiden. Wenn Menschen größtmögliche Freiheit anstreben, indem sie die natürlichen Ressourcen der Erde ausbeuten, dann werden künftige Generationen darunter leiden.

Die Initiative für den Entwurf einer Allgemeinen Erklärung der Menschenpflichten ist nicht nur ein Weg, Freiheit und Verantwortung ins Gleichgewicht zu bringen, sondern auch ein Mittel, um Ideologien, Glaubensüberzeugungen und politische Ansichten zu versöhnen, die in der Vergangenheit für antagonistisch erachtet wurden. Die vorgeschlagene Erklärung weist darauf hin, daß das ausschließliche Bestehen auf Rechten zu endlosen Diskussionen und Konflikten führen kann, daß auch religiöse Gruppierungen bei der Durchsetzung ihrer eigenen Freiheit die Pflicht haben, die Freiheit des anderen zu respektieren. Die Grundvoraussetzung sollte sein, die größtmögliche Freiheit anzustreben, aber zugleich einen umfassenden Sinn für Verantwortung zu entwickeln, was wiederum erlauben wird, daß die Freiheit selber wächst.

Der InterAction Council hat seit 1987 daran gearbeitet, einen Grundbestand humaner ethischer Standards aufzustellen. Aber seine Arbeit beruht ihrerseits auf der Weisheit religiöser Führer und Weiser durch all die Jahrhunderte, die davor gewarnt haben, daß Freiheit ohne die Übernahme von Verantwortung die Freiheit selbst zerstören kann. Wenn jedoch Rechte und Pflichten ins Gleichgewicht gebracht sind, dann kann Freiheit verstärkt und eine bessere Welt geschaffen werden.

Der InterAction Council empfiehlt den folgenden Entwurf der Erklärung Ihrer Prüfung und Ihrer Unterstützung.

Helmut Schmidt
Ehrenvorsitzender des IAC

H.E. Kiichi Miyazawa
Mitglied des IAC Exekutivkomitees

Rt. Hon. Malcolm Fraser
Vorsitzender des IAC

Präambel

Da die Anerkennung der allen Mitgliedern der menschlichen Familie innewohnenden Würde und der gleichen und unveräußerlichen Rechte die Grundlage für Freiheit, Gerechtigkeit und Frieden in der Welt ist und Pflichten oder Verantwortlichkeiten (»responsibilities«) einschließt,

da das exklusive Bestehen auf Rechten Konflikt, Spaltung und endlosen Streit zur Folge hat und die Vernachlässigung der Menschenpflichten zu Gesetzlosigkeit und Chaos führen kann,

da die Herrschaft des Rechts und die Förderung der Menschenrechte abhängen von der Bereitschaft von Männern wie Frauen, gerecht zu handeln,

da globale Probleme globale Lösungen verlangen, was nur erreicht werden kann durch von allen Kulturen und Gesellschaften beachtete Ideen, Werte und Normen,

da alle Menschen nach bestem Wissen und Vermögen eine Verantwortung haben, sowohl vor Ort als auch global eine bessere Gesellschaftsordnung zu fördern – ein Ziel, das mit Gesetzen, Vorschriften und Konventionen allein nicht erreicht werden kann,

da menschliche Bestrebungen für Fortschritt und Verbesserung nur verwirklicht werden können durch übereinstimmende Werte und Maßstäbe, die jederzeit für alle Menschen und Institutionen gelten,

deshalb verkündet
die Generalversammlung der Vereinten Nationen

diese Allgemeine Erklärung der Menschenpflichten. Sie soll ein gemeinsamer Maßstab sein für alle Völker und Nationen, mit dem Ziel, daß jedes Individuum und jede gesellschaftliche Einrichtung, dieser Erklärung stets eingedenk, zum Fortschritt der Gemeinschaften und zur Aufklärung all ihrer Mitglieder beitragen mögen. Wir, die Völker der Erde, erneuern und verstärken hiermit die schon durch Allgemeine Erklärung der Menschenrechte proklamierten Verpflichtungen: die volle Akzeptanz der Würde aller Menschen, ihrer unveräußerlichen Freiheit und Gleichheit und ihrer Solidarität untereinander. Bewußtsein und Akzeptanz dieser Pflichten sollen in der ganzen Welt gelehrt und gefördert werden.

Fundamentale Prinzipien für Humanität

Artikel 1
Jede Person, gleich welchen Geschlechts, welcher ethnischen Herkunft, welchen sozialen Status, welcher politischen Überzeugung, welcher Sprache, welchen Alters, welcher Nationalität oder Religion, *hat die Pflicht, alle Menschen menschlich zu behandeln.*

Artikel 2
Keine Person soll unmenschliches Verhalten, welcher Art auch immer, unterstützen, vielmehr haben alle Menschen die Pflicht, sich für die Würde und die Selbstachtung aller anderen Menschen einzusetzen.

Artikel 3
Keine Person, keine Gruppe oder Organisation, kein Staat, keine Armee oder Polizei steht jenseits von Gut und Böse; sie alle unterstehen moralischen Maßstäben. Jeder Mensch hat die Pflicht, unter allen Umständen Gutes zu fördern und Böses zu meiden.

Artikel 4
Alle Menschen, begabt mit Vernunft und Gewissen, müssen im Geist der Solidarität Verantwortung übernehmen gegenüber jedem und al-

len, Familien und Gemeinschaften, Rassen, Nationen und Religionen: *Was du nicht willst, daß man dir tut, das füg' auch keinem anderen zu.*

Gewaltlosigkeit und Achtung vor dem Leben

Artikel 5
Jede Person hat die Pflicht, Leben zu achten. Niemand hat das Recht, eine andere menschliche Person zu verletzen, zu foltern oder zu töten. Dies schließt das Recht auf gerechtfertigte Selbstverteidigung von Individuen und Gemeinschaften nicht aus.

Artikel 6
Streitigkeiten zwischen Staaten, Gruppen oder Individuen sollen ohne Gewalt ausgetragen werden. Keine Regierung darf Akte des Völkermords oder des Terrorismus tolerieren oder sich daran beteiligen, noch darf sie Frauen, Kinder oder irgendwelche andere zivile Personen als Mittel zur Kriegsführung mißbrauchen. Jeder Bürger und öffentliche Verantwortungsträger hat die Pflicht, auf friedliche, gewaltfreie Weise zu handeln.

Artikel 7
Jede Person ist unendlich kostbar und muß unbedingt geschützt werden. Schutz verlangen auch die Tiere und die natürliche Umwelt. Alle Menschen haben die Pflicht, Luft, Wasser und Boden um der gegenwärtigen Bewohner und der zukünftigen Generationen willen zu schützen.

Gerechtigkeit und Solidarität

Artikel 8
Jede Person hat die Pflicht, sich integer, ehrlich und fair zu verhalten. Keine Person oder Gruppe soll irgendeine andere Person oder Gruppe ihres Besitzes berauben oder ihn willkürlich wegnehmen.

Artikel 9
Alle Menschen, denen die notwendigen Mittel gegeben sind, haben die Pflicht, ernsthafte Anstrengungen zu unternehmen, um Armut, Unterernährung, Unwissenheit und Ungleichheit zu überwinden. Sie sollen überall auf der Welt eine nachhaltige Entwicklung fördern, um für alle Menschen Würde, Freiheit, Sicherheit und Gerechtigkeit zu gewährleisten.

Artikel 10
Alle Menschen haben die Pflicht, ihre Fähigkeiten durch Fleiß und Anstrengung zu entwickeln; sie sollen gleichen Zugang zu Ausbildung und sinnvoller Arbeit haben. Jeder soll den Bedürftigen, Benachteiligten, Behinderten und den Opfern von Diskriminierung Unterstützung zukommen lassen.

Artikel 11
Alles Eigentum und aller Reichtum müssen in Übereinstimmung mit der Gerechtigkeit und zum Fortschritt der Menschheit verantwortungsvoll verwendet werden. Wirtschaftliche und politische Macht darf nicht als Mittel zur Herrschaft eingesetzt werden, sondern im Dienst wirtschaftlicher Gerechtigkeit und sozialer Ordnung.

Wahrhaftigkeit und Toleranz

Artikel 12
Jeder Mensch hat die Pflicht, wahrhaftig zu reden und zu handeln. Niemand, wie hoch oder mächtig auch immer, darf lügen. Das Recht auf Privatsphäre und auf persönliche oder berufliche Vertraulichkeit muß respektiert werden. Niemand ist verpflichtet, die volle Wahrheit jedem zu jeder Zeit zu sagen.

Artikel 13
Keine Politiker, Beamten, Wirtschaftsführer, Wissenschaftler, Schrift-

steller oder Künstler sind von allgemeinen ethischen Maßstäben entbunden, noch sind es Ärzte, Juristen und andere Berufe, die Klienten gegenüber besondere Pflichten haben. Berufsspezifische oder andersartige Ethikcodizes sollen den Vorrang allgemeiner Maßstäbe wie etwa Wahrhaftigkeit und Fairneß widerspiegeln.

Artikel 14
Die Freiheit der Medien, die Öffentlichkeit zu informieren und gesellschaftliche Einrichtungen wie Regierungsmaßnahmen zu kritisieren – was für eine gerechte Gesellschaft wesentlich ist –, muß mit Verantwortung und Umsicht gebraucht werden. Die Freiheit der Medien bringt eine besondere Verantwortung für genaue und wahrheitsgemäße Berichterstattung mit sich. Sensationsberichte, welche die menschliche Person oder die Würde erniedrigen, müssen stets vermieden werden.

Artikel 15
Während Religionsfreiheit garantiert sein muß, haben die Repräsentanten der Religionen eine besondere Pflicht, Äußerungen von Vorurteilen und diskriminierende Handlungen gegenüber Andersgläubigen zu vermeiden. Sie sollen Haß, Fanatismus oder Glaubenskriege weder anstiften noch legitimieren, vielmehr sollen sie Toleranz und gegenseitige Achtung unter allen Menschen fördern.

Gegenseitige Achtung und Partnerschaft

Artikel 16
Alle Männer und alle Frauen haben die Pflicht, einander Achtung und Verständnis in ihrer Partnerschaft zu zeigen. Niemand soll eine andere Person sexueller Ausbeutung oder Abhängigkeit unterwerfen. Vielmehr sollen Geschlechtspartner die Verantwortung für die Sorge um das Wohlergehen des anderen wahrnehmen.

Artikel 17
Die Ehe erfordert – bei allen kulturellen und religiösen Verschiedenheiten – Liebe, Treue und Vergebung, und sie soll zum Ziel haben, Sicherheit und gegenseitige Unterstützung zu garantieren.

Artikel 18
Vernünftige Familienplanung ist die Verantwortung eines jeden Paares. Die Beziehung zwischen Eltern und Kindern soll gegenseitige Liebe, Achtung, Wertschätzung und Sorge widerspiegeln. Weder Eltern noch andere Erwachsene sollen Kinder ausbeuten, mißbrauchen oder mißhandeln.

Schluß

Artikel 19
Keine Bestimmung dieser Erklärung darf so ausgelegt werden, daß sich daraus für den Staat, eine Gruppe oder eine Person irgendein Recht ergibt, eine Tätigkeit auszuüben oder eine Handlung vorzunehmen, welche auf die Vernichtung der in dieser Erklärung und der Allgemeinen Erklärung der Menschenrechte von 1948 angeführten Pflichten, Rechte und Freiheiten abzielen.

Unterzeichner

Die vorgeschlagene »Allgemeine Erklärung der Menschenpflichten« wird von folgenden Personen bekräftigt:

I. Die Mitglieder des InterAction Council

Helmut Schmidt (Ehrenvorsitzender), Bundeskanzler der Bundesrepublik Deutschland a.D.
Malcolm Fraser (Vorsitzender), Premierminister von Australien a.D.
Andries A. M. van Agt, Premierminister der Niederlande a.D.

Anand Panyarachun, Premierminister von Thailand a.D.
Oscar Arias Sanchez, Präsident von Costa Rica a.D.
Lord Callaghan of Cardiff, Premierminister von Großbritannien a.D.
Jimmy Carter, Präsident der Vereinigten Staaten a.D.
Miguel de la Madrid Hurtado, Präsident von Mexiko a.D.
Kurt Furgler, Bundespräsident der Schweiz a.D.
Valery Giscard d'Estaing, Staatspräsident von Frankreich a.D.
Felipe Gonzalez Marquez, Premierminister von Spanien a.D.
Kenneth Kaunda, Präsident von Sambia a.D.
Lee Kuan Yew, Premierminister von Singapur a.D.
Kiichi Miyazawa, Premierminister von Japan a.D.
Misael Pastrana Borrero, Präsident von Kolumbien a.D.
Shimon Peres, Premierminister von Israel a.D.
Maria de Lourdes Pintasilgo, Premierministerin von Portugal a.D.
Jose Sarney, Präsident von Brasilien a.D.
Shin Hyon Hwad, Premierminister von Südkorea a.D.
Kalevi Sorsa, Premierminister von Finnland a.D.
Pierre Elliott Trudeau, Premierminister von Kanada a.D.
Ola Ullsten, Premierminister von Schweden a.D.
George Vassiliou, Präsident von Zypern a.D.
Franz Vranitzky, Bundeskanzler von Österreich a.D.

II. Befürworter

Lester Brown, Präsident des Worldwatch Instituts
Andre Chouraqui, Professor in Israel
Takako Doi, Präsident der Sozialistisch-Demokratischen Partei Japans
William Laughlin, Amerikanischer Unternehmer
Rabbi Dr. J. Magonet, Rektor des Leo Baeck College
Robert S. McNamara, Präsident der Weltbank a.D.
Konrad Raiser, Generalsekretär des Weltrates der Kirchen
Paul Volcker, Vorsitzender, James D. Wolfensohn Inc.

III. Hochrangige Experten

(Vorbereitende Treffen in Wien, Österreich im März 1996 und im April 1997 und Ehrengäste bei der 15. Plenarsitzung in Noordwijk, den Niederlanden im Juni 1997)

Hans Küng, Universität Tübingen, Akademischer Berater dieses Projekts
Thomas Axworthy, CRB Foundation, Montreal, Kanada, Akademischer Berater dieses Projekts
Kim Kyong-dong, Seoul National University, Akademischer Berater dieses Projekts
Kardinal Dr. Franz König, Wien
Anna-Marie Aagaard, Weltrat der Kirchen, Genf
M. Shanti Aram, Präsident der Weltkonferenz für Religion und Frieden, Mitglied des Indischen Parlamentes
A. T. Ariyaratne, Präsident der Sarvodaya Movement von Sri Lanka
Julia Ching, Universität Toronto
Hassan Hanafi, Universität Kairo
Nagaharu Hayabusa, Asahi Shimbun, Tokio
Kim Yersu, Direktor der Abteilung für Philosophie und Ethik der UNESCO, Paris
Peter Landesmann, Mitglied der Europäischen Akademie der Wissenschaften, Salzburg
Lee Seung-Yun, Vize-Premierminister und Minister der Wirtschaftsplanung a.D., Seoul, Korea
Flora Lewis, Journalistin der International Herald Tribune, Paris
Liu Xiao-Feng, Institut der Sino-Christian Studies, Hongkong
Teri McLuhan, kanadische Schriftstellerin
Isamu Miyazaki, vormaliger Staatsminister, Agentur für Wirtschaftsplanung, Tokio, Japan
James Ottley, Beobachter der Anglikanischen Kirche bei den Vereinten Nationen, New York
Richard Rorty, Stanford Humanities Center

L. M. Singvi, Hochkommissar von Indien, London
Seiken Sugiura, House of Representatives, Tokio
Koji Watanabe, vormaliger japanischer Botschafter in Moskau
Woo, Seong-Yong, Munhwa Ilbo, Seoul
Alexander Yakovlev, vormaliger Abgeordneter, Präsidentschaftsrat der Sowjetunion, Moskau

IV. Förderer

Shinyasu Hoshino, Präsident des Nationalen Instituts für Forschungsentwicklung, Tokio
Ayako Sono, Vorsitzender, Nippon Stiftung, Tokio
Kim, Woo-Joong, Vorsitzender, Dae-Woo Corp., Seoul

V. Nach der Veröffentlichung haben unterzeichnet

Prof. Carl Friedrich v. Weizsäcker, Starnberg
Sir Sigmund Sternberg, O.St.J. KCSG JP, International Council of Christians and Jews, London
Chief Rabbi Jonathan Sacks, London
Prof. Henry A. Kissinger, Außenminister der USA a.D.
Mayor Teddy Kollek, Bürgermeister von Jerusalem a.D.
Prof. John B. Cobb Jr., Claremont/CA
H.H. Chwasan Lee Kwang Jung, Won Buddhism, Korea
Dr. A.A. Mughram Al-Ghamdi, Dean, The King Fahad Academy, London
Prof. Marjorie Hewitt Suchocki, Dean, School of Theology, Claremont/CA
Ms. Ekaterina Genieva, Mitglied des Staatsrates, Moskau
Prof. Dmitry S. Lichatschov, Literaturhistoriker, Akademie der Wissenschaften, St. Petersburg
Michail Gorbatschov, Staatspräsident von Rußland a.D.

Ein Aufruf an unsere führenden Institutionen

verabschiedet vom 3. Parlament der Weltreligionen Kapstadt/Südafrika, 8. Dezember 1999

Überblick

Vom Weltethos zum Aufruf an unsere führenden Institutionen

Einführung
In Fortsetzung der Parlamentstradition
Der nächste Schritt
Das Wesen des Aufrufs

Grundlagen
Visionen der Welt
Auf dem Weg zum Weltethos
Die entscheidenden Probleme zur Sprache bringen
Kreatives Zusammenwirken

Ein Aufruf an unsere führenden Institutionen

- PRÄAMBEL
- RELIGION UND SPIRITUALITÄT
- REGIERUNG
- LANDWIRTSCHAFT, ARBEIT, INDUSTRIE UND HANDEL
- ERZIEHUNG
- KÜNSTE UND KOMMUNIKATIONSMEDIEN
- NATURWISSENSCHAFT UND MEDIZIN
- INTERNATIONALE ZWISCHENSTAATLICHE EINRICHTUNGEN
- ORGANISATIONEN DER ZIVILGESELLSCHAFT

Zustimmungserklärung

Der Aufruf an Landwirtschaft, Arbeit, Industrie und Handel

»Es gibt keinen Weltfrieden ohne Weltgerechtigkeit!«

»In den entwickelten Ländern ist jedenfalls zu unterscheiden zwischen einem notwendigen und einem hemmungslosen Konsum, zwischen einem sozialen und einem unsozialen Gebrauch des Eigentums, zwischen einer gerechtfertigten und einer ungerechtfertigten Nutzung der natürlichen Ressourcen, zwischen einer rein kapitalistischen und einer sozial wie ökologisch orientierten Marktwirtschaft. (...)

Statt die wirtschaftliche und politische Macht in rücksichtslosem Kampf zur Herrschaft zu mißbrauchen, ist sie zum Dienst an den Menschen zu gebrauchen. Wir müssen einen Geist des Mitleids mit den Leidenden entwickeln und besondere Sorge tragen für die Armen, Behinderten, Alten, Flüchtlinge, Einsamen. (...)

Statt einer unstillbaren Gier nach Geld, Prestige und Konsum ist wieder neu der Sinn für Maß und Bescheidenheit zu finden! Denn der Mensch der Gier verliert seine »Seele«, seine Freiheit, seine Gelassenheit, seinen inneren Frieden und somit das, was ihn zum Menschen macht.«

Erklärung zum Weltethos
Parlament der Weltreligionen – Chicago 1993

A. Wir erhoffen uns eine Welt, in der
- unsere produktiven Tätigkeiten kreativ und lebendig sind und unserem Leben einen Sinn geben;
- hohe moralische Standards und Vertrauenswürdigkeit alle Interaktionen auf dem Markt und am Arbeitsplatz leiten;
- wirtschaftliches, soziales und physisches Wohlergehen nicht die Ausnahme, sondern die normale menschliche Situation ist;

- Landwirtschaftspolitik, Arbeitsbedingungen, industrielle Entwicklung und Handelsaustausch gerecht, harmonisch und kulturell bereichernd sind;
- Landwirtschaft, Industrie, Geschäft und Investitionen geleitet werden von einem konstant aufmerksamen Blick auf Lebensfähigkeit und Verletzlichkeit der Erde und allen Lebens;
- die wesentlichen Bedürfnisse aller in einer Art und Weise befriedigt werden, daß dies auch gut in der Zukunft aufrechterhalten werden kann.

B. Zu den vornehmsten Funktionen von Landwirtschaft, Arbeit, Industrie und Handel gehört die kreative Entwicklung und Bereitstellung von Gütern, Dienstleistungen und Informationen, um den grundlegenden physischen und sozialen Bedürfnissen einer jeden menschlichen Gemeinschaft nachzukommen – und dies in einer nachhaltigen, erneuerbaren und nicht zerstörerischen Art und Weise.

Was wir als Menschen wünschen, läßt die materiellen Interessen jedoch oft zurücktreten. Worauf wir hinarbeiten, ist oft etwas anderes als materieller Reichtum. Überall fühlen Menschen die Notwendigkeit, etwas aus sich selbst und ihrer Welt zu machen, das weit über die Berechnungen der Finanzkraft hinausgeht. Dieser Blick auf menschliches Glück und Erfüllung ist eine bedeutungsvolle Ergänzung zu den gegenwärtigen Theorien von der Dominanz der Marktwirtschaft.

Konsequenterweise sollte wirtschaftliche Macht in den Dienst der wirtschaftlichen Gerechtigkeit und des Gemeinwohls gestellt werden. Reichtum sollte in angemessener Weise gebraucht werden. Staatliche Wirtschaftspläne, unternehmerische Finanzinvestitionen, landwirtschaftliche Techniken und industrielle Prozesse sollten stets der Menschenwürde und der Lebensgemeinschaft auf der Erde gerecht werden.

In der modernen Welt sind die Beispiele der Ausbeutung von Menschen und der Erde selbst und allen Lebens zahlreicher denn je. Die Tatsache der Globalisierung, die tiefgehende Verwobenheit der Weltwirtschaft und die dem Ökosystem der Erde innewohnende Verletzlichkeit erhöht den Bedarf an neuen Strategien. Gleichzeitig hat sich ein außergewöhnlicher Ausblick eröffnet: ein weltweites Bewußtsein für die sensible Rolle von Landwirtschaft, Arbeit, Industrie und Handel für das Streben nach einer gerechteren und humaneren Welt.

C. Wir rufen die Institutionen der Landwirtschaft, der Arbeit, der Industrie und des Handels dazu auf, praktische Wege zu entwickeln, um mit anderen führenden Institutionen kreativ zusammenzuwirken im Streben nach einer gerechten, friedlichen und nachhaltigen Welt.

In diesem Geist laden wir alle Einzelpersonen, Gemeinschaften, Gruppen und Organisationen, die im Rahmen der Institutionen von Landwirtschaft, Arbeit, Industrie und Handel wirken, ein, diese Rolle für das nächste Jahrhundert neu zu bestimmen.

Alle sind eingeladen:

1. gemeinsame ethische Standards und Handlungsweisen für Produktion, Austausch, Investitionen, Kreditgeschäft und Beschäftigung zu entwickeln und auszuweiten, so daß sie weltweit akzeptiert, angewandt und überwacht werden können;
2. Langzeitziele so auszuweiten, daß sie nicht nur einen Zuwachs an Wohlstand beinhalten, sondern auch die Linderung der Armut sowie den Fortschritt des sozialen, kulturellen, geistigen und ökologischen Wohlergehens der Gemeinschaften;
3. allen Völkern und Nationen die Möglichkeit zu gewähren, in gleicher Weise am Weltmarkt teilzunehmen, indem Handelsabkommen umgesetzt werden, die gemeinschaftsbezogenes Wirtschaften und regionalen Handel schützen und fördern;
4. sofortige und umfassende Maßnahmen zu ergreifen, damit faire Entlohnung und humane Arbeitsbedingungen zur Norm werden und die Geißeln erzwungener Kinderarbeit, Gefängnisarbeit, Ausbeuterbetriebe und faktische Sklaverei ein Ende finden;
5. ihre gemeinsame Erfahrung, Wissen und Fähigkeit mit Überzeugung und Innovationskraft in Partnerschaften mit jenen Organisationen der Zivilgesellschaft einzubringen, die sich den Rechten von

arbeitenden Männern und Frauen, der interkulturellen und interreligiösen Verständigung, der sozialen Gerechtigkeit, der Ökologie und dem gemeinschaftsbezogenen Wirtschaften verschrieben haben;

6. aufmerksam zu sein gegenüber Begleiterscheinungen der Funktionsweisen von Landwirtschaft, Handwerk, Investitionen, Marketing und Verteilung im Lichte ihrer Auswirkung auf lokale Gemeinschaften und weltweit auf ökologische Systeme;
7. gleichzeitig Musterbeispiele und Anwälte zu werden für Nachhaltigkeit, das vorsichtige Abwägen zwischen kurzfristigen wirtschaftlichen Gewinnen und der dauerhaften Lebensfähigkeit des Ökosystems der Erde sowie den bleibenden Grundbedürfnissen der ganzen menschlichen Gemeinschaft;
8. Verbindungsstrukturen mit anderen führenden Institutionen zu schaffen, um unmittelbarer und effektiver die Hauptprobleme unserer Zeit anzugehen, inbegriffen die enorme ökologische Verschlimmerung, die hohe Verschuldung armer Länder, die massive Arbeitslosigkeit, die weithin unterbezahlte Arbeit von Frauen und die Ursachen von Armut und Unterernährung.

Teilnehmer des Baden-Badener Symposiums

Dr. Peter Adolff, ehem. Mitglied des Vorstandes der Allianz Versicherungs-AG*

Peter Brabeck-Letmathe, Delegierter des Verwaltungsrats der Nestlé AG

Dr. Gert Dahlmanns, Vorstand des Frankfurter Instituts, Stiftung Marktwirtschaft und Politik

Dr. Reinhart Freudenberg, Vorsitzender des Gesellschafterausschusses Freudenberg & Co.

Dr. Wolfram Freudenberg, Mitglied der Vorstände der Württembergischen Versicherungsgruppe*

Dr. Manfred Gentz, Mitglied des Vorstands der DaimlerChrysler AG

Graf Karl Konrad von der Groeben, Gründer der Stiftung Weltethos, Baden-Baden

Dr. Hans-Olaf Henkel, Vize-Präsident des Bundesverbandes der Deutschen Industrie

Udo Keller, Vorsitzender des Aufsichtsrates der tecis Holding AG*

Prof. Dr. Norbert Kloten, Landeszentralbankpräsident i.R., Tübingen*

Prof. Dr. Hans Küng, Präsident der Stiftung Weltethos

Dr. Hermut Kormann, Vorsitzender des Vorstandes der J.M. Voith AG

Prof. Dr. Karl-Josef Kuschel, Vizepräsident der Stiftung Weltethos

Prof. Dr. Berthold Leibinger, Geschäftsführender Gesellschafter der Trumpf GmbH & Co.

Prof. Dr. Klaus Leisinger, Geschäftsführer der Novartis Stiftung

Heinz Müller, Generaldirektor a.D. UBS, Vizepräsident der Stiftung Weltethos Schweiz, Zürich

Prof. Dr. Dr. Franz Josef Radermacher, Vorstandsvorsitzender FAW, Universität Ulm

Dr. Wilhelm Rall, Direktor McKinsey & Co.

Prof. Dr. Hermann Sautter, Volkswirtschaftliches Seminar, Universität Göttingen

Dr. h.c. Helmut Schmidt, Bundeskanzler a.D.
Dipl.-Ing. Hans Peter Stihl, Vorsitzender des Vorstands der Stihl-Gruppe
Dr. Jürgen Strube, Vorsitzender des Vorstands der BASF AG
Dr. Horst Teltschik, Vorsitzender des Vorstands der Herbert-Quandt-Stiftung der BMW AG
Prof. Dr. Hans Tietmeyer, Bundesbankpräsident a.D.
Tilman Todenhöfer, stv. Vorsitzender der Geschäftsführung der Robert Bosch GmbH
Prof. Dr. Norbert Walter, Chefökonom der Deutschen Bank
Prof. Dr. Ernst Ulrich von Weizsäcker, MdB, Vorsitzender Enquete-Kommission »Globalisierung der Weltwirtschaft«
Prof. Dr. Josef Wieland, Zentrum für Wirtschaftsethik, FH Konstanz
Prof. Dr. h.c. Reinhold Würth, Vorsitzender des Beirats der Würth-Gruppe*

Stab der Stiftung Weltethos

Dipl.-Theol. Stephan Schlensog, Geschäftsführer
Dr. theol. Günther Gebhardt, Wissenschaftlicher Projekt-Koordinator
Dipl.-Theol. u. Polit. Johannes Frühbauer, Wissenschaftlicher Mitarbeiter
Dipl.-Theol. u. Biol. Michel Hofmann, Wissenschaftlicher Mitarbeiter
Lic. phil. Guido Baumann, Leiter Geschäftsstelle Stiftung Weltethos Schweiz
Dr. rer. pol. Indira Gurbaxani, Protokollantin
Dr. med. Helena Mühlheim

Beobachter

Werner Benkhoff, Handelsblatt
Friedrich Graf von der Groeben
Jürgen Hoeren, SWR/ARD
Dr. Karen Horn, Frankfurter Allgemeine Zeitung

Christoph Keese, Financial Times
Birgit Krüger-Penski, Büro H. Schmidt
Dr. Gerhard Schwarz, Neue Zürcher Zeitung

* Kurator der Stiftung Weltethos